HEXENJAGD

DER MÜNDIGE BÜRGER ALS FEINDBILD VON POLITIK UND MEDIEN

Bibliografische Information: Die Deutsche Nationalbibliothek verzeichnet diese Publikation in der Deutschen Nationalbibliografie. Detaillierte bibliografische Daten sind im Internet über http://dnb.d-nb.de abrufbar.

Umschlaggestaltung und Layout:
Ramin Peymani und Scarlet Arian

Herstellung und Verlag:
BoD - Books on Demand, Norderstedt

1. Auflage 2018

ISBN 978-3-746012-38-4

RAMIN PEYMANI

HEXENJAGD

DER MÜNDIGE BÜRGER ALS FEINDBILD VON POLITIK UND MEDIEN

MIT EINEM GASTBEITRAG
DER BÜRGERRECHTLERIN
UND LANGJÄHRIGEN
BUNDESTAGSABGEORDNETEN

VERA LENGSFELD

Freiheit ist das Recht, anderen zu sagen, was sie nicht hören wollen.

George Orwell, englischer Schriftsteller und Journalist (1903-1950)

Vorwort
Die moderne Hexenjagd

Wer sich mit dem Zeitalter der europäischen Hexenverfolgung auseinandersetzt, landet unwillkürlich im Mittelalter und in der Frühen Neuzeit. Bis weit ins 17. Jahrhundert hinein wurde Jagd auf Hexer und Hexen gemacht. In Europa erreichte die Hexenverfolgung ihren Höhepunkt zwischen 1550 und 1650. Schon damals war man hierzulande besonders gründlich: Es wird geschätzt, dass allein auf das Gebiet des heutigen Deutschlands 40.000 Hexenverbrennungen entfielen – und damit mehr als die Hälfte aller Exekutionen in Europa.

Der Prozess wurde allen gemacht, die sich der herrschenden Lehre widersetzten, wobei anfangs jene im Fokus standen, die sich den kirchlich-religiösen Glaubensgrundsätzen verweigerten. Später knöpfte man sich die Bedauernswerten vor, die angeblich mit dem Teufel im Bunde waren und Unglück heraufbeschworen. Das Zeitalter der Aufklärung, mit dem die Demokratisierung Europas einherging, beendete die Hexenjagd. Doch Dreihundert Jahre danach ist sie neu eröffnet. Und wieder geht es darum, die herrschende Lehre gegen die Zweifler zu verteidigen.

Es ist nicht das erste Wiederaufflammen staatlicher Verfolgung Andersdenkender. Bekanntlich hat Deutschland im vergangenen Jahrhundert zwei Schreckensregime erduldet, die systematisch alles eliminierten, was der herrschenden Klasse verhasst war. Gottlob können die heutigen Hexenjäger niemanden mehr per Gesetz dem Tod zuführen. Sie sind jedoch gerade deshalb so gefährlich, weil ihr Treiben für viele nicht offensichtlich ist. Den internationalen und nationalen Sozialisten des 20. Jahrhunderts stehen sie in ihrem Organisationsgrad und ihrer Gründlichkeit dennoch in nichts nach.

Der modernen Hexenjagd fallen zwar keine Menschenleben, aber dennoch zentrale Errungenschaften der Aufklärung zum Opfer, was nicht ohne Folgen bleibt. Schon heute ist eine tiefe Spaltung der Gesellschaft feststellbar. Demokratie und Rechtsstaat leiden sichtlich unter dem Diktat einer mächtigen "Meinungselite", die jeden ächtet, der nicht bereit ist, sich dem links-grünen Kanon anzuschließen. Wer die Dogmen der Meinungsführer hinterfragt, gilt als unbelehrbarer Ignorant, abgehängter Verlierer oder fremdenfeindlicher Rassist. Politik und Medien werten es als Ketzerei, die Energie-, Umwelt- oder Zuwanderungspolitik zu kritisieren.

Kein Wunder, dass das Vertrauen der Bürger schwindet. Der massive Auflagenrückgang vieler Druckerzeugnisse spricht ebenso Bände wie die wachsende Ablehnung des etablierten Politapparates. Doch in ihren Echokammern nehmen die Betroffenen die Signale nicht wahr. Statt sich zu hinterfragen, beschimpfen sie Wähler, Leser und Zuschauer. Und während Journalisten väterliche Ratschläge erteilen, wie sich ihr unkundiges Publikum mehr Medienkompetenz aneignen könnte, gibt die Kanzlerin mütterliche Wohlfühlparolen aus, die davon zeugen, dass sie die Realität nicht mehr erfasst. Uneinsichtigkeit und Ungläubigkeit statt Reue und Reife.

Gerade die Riege der Journalisten betreibt eine regelrechte Hexenjagd. Dabei nimmt sie für sich in Anspruch, die einzige Wahrheit zu verbreiten, und bezichtigt jeden, der abweichende Fakten beisteuert, "Fake News" in Umlauf zu bringen. Beleidigt reagiert die Journaille, wenn sie an ihren Auftrag der Nachrichtenübermittlung erinnert wird. Ihr Rollenverständnis ist vielmehr geprägt vom moralischen Imperativ, der die Berichterstattung bestimmt. Wer der gewünschten Ideologie nicht folgt, wird ausgegrenzt. Das gilt nicht nur für Leser und Zuschauer, sondern erst recht für Politiker, die sich dem Diktat der Schattenregierungen in den Redaktionsstuben verweigern.

Diese sind allerdings rar gesät. Denn auch die Berufspolitik beteiligt sich mit Hingabe an der modernen Hexenverfolgung. Dabei wurden anfangs alle Bürger pauschal diffamiert, die mündig genug waren, sich ihr eigenes Bild zu machen, nun verfolgt man zusätzlich deren gewählte Volksvertreter. Dass die polit-mediale Kaste nicht merkt, wie sehr sie dadurch immer weiter am eigenen Stuhl sägt, zeigt ihre ganze Realitätsferne. Derweil gibt es bereits ein Gesetz, das die Hexenjagd legitimiert. Mit großen Schritten marschieren die Herrschenden zurück ins 20. Jahrhundert – stellen wir uns ihnen entschlossen in den Weg!

Gastbeitrag von Vera Lengsfeld

Back to the USSR – ein Albtraum

Als ich am Morgen kurz vor Weihnachten 2030 die Augen aufschlage und nach draußen schaue, sehe ich dichtes Schneetreiben. Eigentlich sollte es nach Voraussagen der Klimaretter solchen Schnee schon seit Beginn des Jahrtausends nicht mehr geben, aber die Erderwärmung lässt sich Zeit. Sie legt nur einen Zwischenstopp ein, wird uns in den Medien versichert. Wir sind in den Vereinigten Staaten von Europa wieder im Sozialismus angekommen, der bekanntlich vier Feinde hatte: Frühling, Sommer, Herbst und Winter. Ich bemerke erleichtert, dass der Strom wieder da ist. Er kommt und geht stundenweise, immer unerwartet, so dass man fix sein muss, wenn man eine warme Dusche oder einen Kaffee möchte. Die unter Zwanzigjährigen kennen eine kontinuierliche Stromversorgung nur noch vom Hörensagen.

Vor dreizehn Jahren habe ich dieses Haus auf dem Grundstück, dass meine Großeltern 1946 erwarben, als meinen Altersruhesitz gebaut. Damals schon wollte ich unbedingt einen Ofen haben, denn an Holz würde es mir nie mangeln. Der Wald ist nebenan und ein Stück davon gehört mir. Die Genehmigung, einen Schornstein zu bauen, wurde mir verweigert, weil der Mindestabstand zum nächsten Fenster im Haus nebenan nicht eingehalten werden konnte. Ich habe ihn später illegal bauen lassen und, als ich von einem der vielen freiwilligen Denunzianten, die von staatlichen Stellen unablässig ermuntert werden, ihre gesellschaftliche Pflicht zu tun, angezeigt wurde, den zuständigen Behördenmitarbeiter bestochen. Mein Sohn konnte ihm die elektrische Leitung legen, die der Mann dringend brauchte. Einen Handwerker, der dies erledigen könnte, gab es im Kreis nicht mehr.

Schon im letzten Jahrhundert hatte die Politik damit begonnen, die Zahl der Abiturienten und Studenten systematisch zu erhöhen. Die wachsenden Studentenzahlen sollten die Erhöhung des Bildungsniveaus dokumentieren. Die Folge dieser Politik war aber nur, dass die Zahl der arbeitslosen Akademiker rapide anstieg, auch weil die Absolventen der Hochschulen kaum noch richtig schreiben konnten und bei einfachen mathematischen Aufgaben, wie Brüche kürzen oder einen Dreisatz berechnen, scheiterten. Mein Vater, der kriegsbedingt nur acht Klassen der Volksschule besuchen konnte, hatte das mühelos bewältigt. Auch ich beherrschte das Kopfrechnen noch, Addition und Subtraktion sind kein Problem. Wenn die Kasse im Supermarkt wieder mal ausfällt und sich endlose Schlangen bilden, weil die Verkäuferinnen mühsam die Kaufsumme per Hand errechnen müssen, kann ich helfen und bin schneller wieder draußen.

Heute beginnt der Tag gut. Ich kann mir mein Frühstück problemlos zubereiten. Auf die Meldungen im Radio oder im Fernsehen verzichte ich seit Jahrzehnten. In meiner Kindheit und Jugend hatte ich mir die Erfolgsmeldungen des sozialistischen Staates, in dem ich aufgewachsen war, anhören müssen. Das will ich mir im Alter ersparen. So viel Freiheit habe ich noch.

Auch meine Waldspaziergänge mit meinem Hund kann ich noch unternehmen. Aus Rücksicht auf die Gefühle unserer muslimischen Mitbewohner, die inzwischen schon 40% der Bevölkerung Deutschlands ausmachen, ist die Hundehaltung im Land stark eingeschränkt worden. In den Großstädten sind nur Therapiehunde gestattet, auf dem Land ist nur ein Hund pro Haus erlaubt, wenn der Nachbar damit einverstanden ist. Die Hunde müssen immer und überall an der Leine geführt werden, auch in Feld und Flur, weitab von jeder Bebauung. Ich kenne die Gegend seit meiner Kindheit wie meine Westentasche und weiß, wo die Gebiete sind, in die sich gewöhnlich kein Denunziant verirrt. Dort lasse ich meinen Hund herumtollen. Er ist dankbar und hört aufs Wort. Bei Gefahr kommt er auf kürzestem Weg zu mir zurück. Wir sind noch nie erwischt worden.

Auch in anderer Beziehung hatten wir bisher Glück. Nachdem der deutsche Verfassungsschutz Ende 2017 begonnen hatte, die so genannten Prepper zu beobachten, Leute, die sich mit Vorräten eindeckten, um sich vor kommenden Katastrophen zu schützen, dauerte es nicht mehr lange und die private Vorratshaltung wurde gesetzlich stark eingeschränkt. Unsere Politiker konnten den Gedanken, dass es Bürger gab, die sich unabhängig machen wollten, einfach nicht ertragen. In der besten aller Welten, den Vereinigten Staaten von Europa, sollten alle vom Wohle des Staates abhängig sein. Anfang der zwanziger Jahre wurde eine Spezialeinheit der Europapolizei gebildet, die autorisiert war, unangekündigt in Häusern und Wohnungen nach illegalen Vorräten zu suchen und sie zu vernichten. Auch bei uns ist so ein Kommando gewesen. In meinem Haus gibt es keinen Keller und keinen Vorratsraum, so dass die Suche bald zu Ende war.

Im Haus meines Sohnes, das bereits 1789 gebaut worden war, gibt es einen kleinen Keller unter der Treppe. Der war bis auf ein paar Reinigungsmittel leer. Durch Klopfen stellten die Nahrungsjäger fest, dass auch das Esszimmer und die Küche nicht unterkellert waren. Sie machten sich nicht die Mühe, auch noch das Wohnzimmer daraufhin zu überprüfen. Sie ließen sich lieber von meinem Sohn einen Wodka vorsetzen und schrieben das Untersuchungsprotokoll, das wir erleichtert unterzeichneten. Der alte Keller, dessen Eingang hinter dem Haus liegt, blieb unentdeckt. Wir konnten hoffen, dass sich spätere Suchtrupps auf die Meldung, es gäbe bei uns nur einen Treppenverschlag, verlassen würden. Ehe sie abzogen, rauchten die Spezialisten noch eine Zigarette. Im Dienst ist das strikt verboten, aber auf unserem abgelegenen Grundstück kann es keiner sehen.

Nach zwanzig Minuten kam ich mit meinem Hund an einem Aussichtspunkt an, der einen Blick über das ganze

Wippertal bietet, vom Kyffhäuser im Osten über die Windleite bis zum Harz im Westen. Bei guter Sicht kann man den Brocken erkennen. Vor dem Mauerfall war auf der Bergspitze die innerdeutsche Grenze verlaufen. Deshalb durften wir dem geheimnisvollen Ort der Walpurgisnacht, die wir nur aus Goethes "Faust" kannten, nicht zu nahe kommen. Heute ist nur noch die dortige Wetterstation verbotenes Terrain. Hier werden Daten gesammelt, die dem Dogma der Klimaerwärmung zu sehr widersprechen. Deshalb hält es die Politik für opportun, solche Erkenntnisse unter strengstem Verschluss zu halten.

Zu sozialistischen Zeiten habe ich auf dieser Aussichtsplattform, wo ich häufig einen Zwischenstopp einlege, beobachten können, wie die Zersiedelung der Landschaft vorangetrieben wurde. Außerhalb der kompakten Altstadt, die von einem riesigen Schloss dominiert wird, entstanden immer mehr Plattenbausiedlungen und Wochenendgrundstücke, oft mitten in Natur- oder Landschaftsschutzgebieten. Die Funktionäre des Sozialismus wussten, wo es schön ist, und konnten sich über die Gesetze hinwegsetzen. Die Plattenbauten waren sogar sehr beliebt, denn es gab in den Wohnungen ein Bad, Zentralheizung und Warmwasser, was in den Altstadthäusern nicht der Fall war.

Heute sind diese Siedlungen Ghettos der Einwanderer, die seit der Grenzöffnung im Jahr 2015 durch Altkanzlerin Angela Merkel in Millionenzahl ins Land gekommen sind. Allerdings hat sich der Traum der Multikulturalisten nicht erfüllt. Die Neubürger haben sich weder integriert, noch vermischt. Man lebt streng getrennt voneinander in Parallelgesellschaften. In meiner kleinen Provinzstadt gibt es Armenier, die oft mit den Türken aneinandergeraten, Afghanen, die Eritreer nicht leiden können, Russlanddeutsche, die seinerzeit von Uraltkanzler Helmut Kohl mit einer Willkommensprämie hergelockt wurden, um den hereinkommenden Türken etwas entgegenzusetzen, und Juden aus der ehemaligen Sowjetunion.

Letztere wurden auf speziellen Wunsch der Stadtverwaltung angesiedelt. Man hoffte, es würde wieder zur Gründung einer jüdischen Gemeinde kommen, die es seit Anfang der vierziger Jahre des letzten Jahrhunderts, als die letzten jüdischen Mitbürger in den Osten deportiert wurden, nicht mehr gab. Die Gemeinde entstand nie, denn von Anfang an hielten sich die Juden, die blieben, lieber bedeckt. Zu groß war ihre durchaus berechtigte Furcht vor Übergriffen aus den Reihen der ihnen zahlenmäßig weit überlegenen muslimischen Nachbarn. Ohnehin waren sie überwiegend Atheisten. Für die wenigen Unternehmen der Stadt waren sie allerdings eine Bereicherung.

Wie es in den französischen Banlieues schon im letzten Jahrhundert der Fall war, ist es heute in anderen Teilen des Vereinigten Europas nicht ratsam, als Fremder diese Siedlungen zu betreten, es sei denn man wird eingeladen und steht unter besonderen Schutz eines der Clans. Die Polizei meidet diese Gebiete ebenfalls. Nur Streifen, die aus Angehörigen von Clans bestehen, können es wagen, sich hier sehen zu lassen.

Als 2017 erstmals öffentlich bekannt wurde, dass die Berliner Polizei von arabischen Clans unterwandert wurde, sind nicht etwa Anstrengungen unternommen worden, um diesen Prozess zu stoppen, im Gegenteil. Um die beunruhigte Bevölkerung zu beschwichtigen, wurde ein Programm für die Aufstockung der Polizeikräfte verkündet. Allerdings stellte sich sehr schnell heraus, dass eine Vielzahl der Bewerber nicht in der Lage war, die Eignungstests zu bestehen. Dies wurde aber nicht als Alarmsignal gewertet, sondern das Niveau der Tests wurde einfach abgesenkt. Damit war es auch Bewerbern mit ungenügenden Deutschkenntnissen und mangelndem Wissen über die Gesetzeslage möglich, problemlos Polizist zu werden. Die Politik nahm in Kauf, dass diese Neupolizisten sich nicht dem Rechtsstaat, sondern ihren Clanregeln verpflichtet fühlten.

In den Teilen der Stadt, die überwiegend von Biodeutschen bewohnt werden, verlässt man sich lieber auf die inoffizielle Bürgerwehr, als auf die Polizei. Seit die deutsche Polizei 2017 erstmals Frauen empfahl, nicht mehr allein joggen zu gehen, haben sich die Bewegungsmöglichkeiten von Frauen weiter beschränkt. Längst ist es üblich, nicht mehr allein auszugehen. Auch einkaufen sollte man lieber zu zweit oder zu dritt. Auf dem Land haben sich regelrechte Einkaufsgemeinschaften gebildet.

Noch herrscht in den Läden kein Mangel, aber das Angebot hat sich deutlich gewandelt. In den Lebensmittelgeschäften gibt es besondere Abteilungen für Muslime. Es ist nicht so, dass es verboten wäre, als Christin dort einzukaufen, aber ohne Kopftuch eher nicht ratsam. Schweinefleisch gibt es nur noch in der hintersten Ecke, um niemandes religiöse Gefühle zu verletzen. Ohnehin ist der Schweinefleischkonsum stark zurück gegangen. Aus öffentlichen Einrichtungen ist Schwein schon seit Jahren verbannt, aber auch immer mehr Biodeutsche verzichten aus Gründen der Kultursensibilität freiwillig auf das angeblich unreine Fleisch. Nicht nur das. Seit Jahren gibt es eine Diskussion, ob es nicht angebracht wäre, nur noch Halal-Fleisch anzubieten. Man könne die Tiere ja betäuben und ihnen so die Qual des Ausblutungsrituals ersparen.

Neben den Schweinen verschwinden auch die Schwulen und die Weihnachtsmärkte aus der Öffentlichkeit. Vorbei die Zeit der Gay-Paraden. 2025 fand die letzte in Berlin statt, unter starker Polizei-Bewachung. Nur noch ein paar hundert, satt der früher üblichen abertausend Schwulen wagte sich noch auf die Straße. Nachdem die Parade wieder massiv attackiert wurde und es Dutzende Verletzte gab, verzichteten die Veranstalter auf weitere "Provokationen", wie muslimische Minister und Bundestagsabgeordnete die Demonstrationen der Schwulen nennen. Für schwule Paare blieb nur der Rückzug ins Private. Dabei gehörten die Schwulen früher zu den eifrigsten Befürwortern von muslimischer Einwanderung. Sie hatten sich offenbar nicht die Mühe gemacht, zur Kenntnis zu nehmen, wie Schwule in muslimischen Ländern unterdrückt werden. Die Weihnachtsmärkte wurden erst in Winter- oder Adventsmärkte umbenannt, aber trotzdem nahm ihre Zahl über die Jahre hinweg immer mehr ab. Nach zahllosen Drohungen und Attacken gaben die Veranstalter resigniert auf. Auch Weihnachtskonzerte sind selten geworden. Zwei christliche Kirchen in unserer kleinen Stadt sind bereits in Moscheen umgewandelt worden.

Die Feministinnen retteten ihre Ideologie, indem sie Verschleierung in jeder Form jetzt als Ausdruck der Emanzipation und des freien Willens betrachteten. Deshalb hatten sie wenig Probleme, selbst mindestens ein Kopftuch zu tragen. Die anfängliche Forderung, dass sich Designer der Kopftuchfrage annehmen und hippe Angebote entwickeln sollten, verstummte bald. Bunte Kopftücher sind in der schönen bunten Welt von den muslimischen Sittenwächtern nicht erwünscht.

Heute sehe ich von meinem Aussichtspunkt nicht nur die Fragmentierung der Gesellschaft in viele Subkulturen, sondern auch die verheerenden Folgen der so genannten Energiewende. Vom einstmals lieblichen Tal sieht man nicht mehr viel. Entweder sind freie Flächen mit Solarfeldern zugebaut, obwohl Nordthüringen zu den sonnenärmeren Gebieten des ehemals deutschen Teils der Vereinigten Staaten von Europa zählt, oder sie sind mit Windrädern verstellt. Nach Schließung aller Atomkraftwerke gibt es nur noch "Zappelstrom".

Im Thüringer Becken, wo man im vergangenen Jahrhundert noch ungehindert den Sternenhimmel sah, die Milchstraße und sogar den Kometen Hale-Bopp beobachten konnte, ist heute die Sicht auf den Nachthimmel von zuckenden roten Lichtern verstellt. Tagsüber wird der Blick auf die Landschaft durch riesige rotierende Flügel beeinträchtigt. In den letzten Jahrzehnten hat eine Landschafts- und Naturzerstörung stattgefunden, die mit den Stalinschen Projekten wie die Umleitung sibirischer Flüsse zur Bewässerung von Baumwollfeldern in der Wüste vergleichbar ist. Kein Wunder, dass die junge Generation keinerlei Heimatgefühle mehr entwickeln kann, denn Landschaft ist kein schützenswerter Wert mehr, nur noch ein Objekt.

Wenn ich nach Osten schaue, sehe ich den Kyffhäuser. Dort soll Kaiser Barbarossa in einer Höhle ruhen, bis Deutschland geeint ist. Das war kurzzeitig der Fall, aber schon gleich nach der Vereinigung, die von den Ostdeutschen, die ihre Diktatur zu Fall brachten, erzwungen wurde, gegen den erklärten Willen der Politik, begann das nächste totalitäre Experiment: die Auflösung der Nationalstaaten zugunsten eines Vereinigten Europas. Als Projekt war das schon lange vorhanden. Sowohl die Kommunisten, als auch die Nationalsozialisten arbeiteten darauf hin. Das hätte als Warnung eigentlich genügen müssen, aber Europa war nicht in der Lage, aus seinen zwei totalitären Diktaturen des letzten Jahrhunderts zu lernen. Statt sich vom Totalitarismus abzuwenden, seine Ideen und Methoden zu ächten, machten sich Politik und Medien daran, den mit dem Zweiten Weltkrieg begonnenen Kampf der Ideen mit andern Mitteln fortzusetzen.

Nachdem den Völkern des Kontinents kein Krieg mehr zuzumuten war, wurden die Vereinigten Staaten von Europa als Friedensprojekt ausgerufen. Die politische Klasse hatte erkannt, dass der Kampf gegeneinander in eine Sackgasse geraten war. Es begann der nicht erklärte Kampf der "Eliten", die sich den Kontinent zur Beute machen wollen und damit schon sehr weit gekommen sind, gegen die Bevölkerung. Die Bewohner Europas, die von den französischen Revolutionären zu Bürgern geadelt wurden, sind plötzlich keine Bürger mehr, sondern nur "Menschen" und als solche Material für Erziehungs-Experimente. Diesmal werden Herden- und Massengefühle nicht mehr vordergründig durch Ideologie, sondern durch Konsum- und Unterhaltungsindustrie erzeugt.

Die einstige Freiheit im privaten Tun und Lassen ist unter diesen Umständen kaum noch vorstellbar. Individualität, auf die der Westen sich so viel zu Gute hält, ist heute nur noch ein Schein, denn jede Abweichung von der vorgegebenen Norm führt zur Ächtung, der Ausgrenzung aus der Gemeinschaft der Guten. Die akute Phase der endgültigen Umsetzung eines Europäischen Zentralstaats begann 2017 mit den Plänen des französischen Präsidenten Emmanuel Macron und des Chefs der Europäischen Kommission Jean-Claude Juncker, die sofort von Altkanzlerin Angela Merkel und SPD-Chef Martin Schulz unterstützt wurden. Von da an ging es vorwärts in die EUdSSR.

Ich sehe über der einst lieblichen Nordthüringer Landschaft dunkle Wolken aufziehen, die einen alles hinwegfegenden Sturm ankündigen. Aber bevor er mich erreicht, erwache ich aus meinem Albtraum, registriere erleichtert, dass es noch nicht 2030, sondern erst 2017 ist. Es bleibt also noch Zeit zu verhindern, dass mein Albtraum Wahrheit wird.

Vera Lengsfeld ist eine deutsche Politikerin und Publizistin. Sie war Bürgerrechtlerin und Mitglied der ersten frei gewählten Volkskammer der DDR. Von 1990 bis 2005 war sie Mitglied des Deutschen Bundestages, zunächst bis 1996 für Bündnis 90/Die Grünen, ab 1996 für die CDU. Seitdem betätigt sie sich als freischaffende Autorin.

Vera Lengsfelds Zukunfts-Albtraum erscheint beängstigend real. So könnten die von einer Mehrheit der Bürger abgelehnten Allmachtsphantasien der "politischen Elite" bald ihrer Vollendung entgegen streben. Sie dürften bei jenen auf fruchtbaren Boden fallen, die in jüngster Zeit aus diktatorisch geführten Ländern nach Europa gekommen sind und eine Demokratie nie kennengelernt haben. Diesen Zuwanderern fehlt naturgemäß die Identifikation mit einem europäischen Nationalstaat, wodurch sie sich leicht für die "Vereinigten Staaten von Europa" gewinnen lassen. Vielleicht gibt es auch deshalb seit 2016 eine EU-Verordnung, die das sogenannte "Resettlement", also die Ansiedlung aus nicht-europäischen Staaten, forciert.

Noch ist es glücklicherweise ein weiter Weg, doch schon heute erfolgen Weichenstellungen, in deren Zuge wir uns von liebgewonnenen Traditionen verabschieden müssen. Immer stärker dominieren überdies Religionsfragen unseren Alltag, bei denen es in der Regel um die Rücksichtnahme auf den Islam und dessen Anhänger geht. Aber auch viele andere Ideologien bestimmen unseren Tagesablauf, schreiben uns vor, wie wir leben, essen und uns fortbewegen sollen. Ihre Verfechter sorgen mit Verboten und Vorschriften dafür, dass wir uns ihnen unterwerfen. Die von Vera Lengsfeld skizzierte Zukunft hat begonnen. Ändern können wir sie aber nur, wenn wir Vergangenheit und Gegenwart verstehen. Werfen Sie daher mit mir noch einmal einen Blick auf das Deutschland des Jahres 2017 mit seinen polit-medialen Inquisitoren und Hexenjägern.

Ein Jahr im Zeichen der Hexenjagd

Er ist wieder da
Die Rückkehr des regimetreuen Denunzianten

Es war im Jahr 2011, als der Schreckensherrscher des II. Weltkriegs mitten in Berlin auf einer Wiese wieder zum Leben erwachte. Glücklicherweise nur in der Fiktion. Der Satirestoff mit dem Titel "Er ist wieder da" eroberte seinerzeit die Bestseller-Listen und lieferte 2015 die Grundlage für den gleichnamigen Kino-Hit. Der halbdokumentarische Film offenbarte die ganze Bandbreite menschlicher Schwächen, von den Mitläufern bis zu den Denunzianten, die so untrennbar zum Gesinnungsregime gehören wie der Gemeinschaftskult. Die erfundene Auferstehung sahen damals Millionen. Grund für den Erfolg war auch, dass das dunkelste Kapitel deutscher Geschichte einmal anders bewältigt wurde: Mit humorvoller Leichtigkeit.

Ganz und gar nicht lustig und zudem absolut real ist, was sich mittlerweile regelmäßig hierzulande abspielt. Denn die regimetreuen Denunzianten, wie wir sie aus den zwei deutschen Diktaturen des vergangenen Jahrhunderts kennen, sind tatsächlich wieder da. Einer von ihnen genoss seine Tat nun besonders: Christopher Lauer, der Berliner Ex-Pirat mit der markanten schwarzen Brille, gefiel sich darin, eine an ihn verschickte Email mit brisantem Inhalt einem breiten Publikum zur Kenntnis zu geben. In dieser hatte der Mitarbeiter einer Sparkasse erbost auf Lauers Einlassungen zum Reizwort "Nafri" geantwortet, unklugerweise vom Email-Konto des eigenen Arbeitgebers.

Es zeugt von mangelnder Professionalität und einer guten Portion Dummheit, private Nachrichten von der geschäftlichen Email-Adresse zu versenden, zumal dann, wenn sie politische Statements enthalten. Nicht nur, dass man sich als Arbeitnehmer auf diese Weise arbeitsrechtlichen Konsequenzen aussetzt, sondern auch und vor allem, weil man seinem Gegenüber neben der politischen Tirade zugleich sämtliche Informationen zur eigenen Person frei Haus mitliefert. Und Lauer, der sich inzwischen der SPD angeschlossen hat, griff dankbar zu. Denn die Wut-Mail des Sparkassen-Mannes enthielt nicht nur den Wunsch, die SPD möge bald in der Bedeutungslosigkeit versinken, sondern vor allem das Bekenntnis, die AfD sei "die einzig wahre Partei".

Lauer verschwendete keine Zeit, seinen mehrere Zehntausend Anhänger umfassenden Twitter-Fanclub über die Einlassungen seines Kontrahenten zu informieren. Gierig stürzten sich die Redaktionen auf den öffentlich gemachten Disput. Beim Stichwort AfD lässt die Gilde der Berufsschreiber alles stehen und liegen. Dabei darf die Frage erlaubt sein, ob Lauer genauso gehandelt hätte, wäre der Inhalt der Email mit anderen Parteien verknüpft gewesen. Ein glühender Anhänger der Linkspartei hätte mit einem gleichlautenden Statement und der Glorifizierung der Ex-SED wohl kaum eine ähnliche Denunziation zu befürchten gehabt. Diesen Schluss legt zumindest Lauers Twitter-Rechtfertigung nahe, in der er die Parteizugehörigkeit in den Mittelpunkt rückt.

"Natürlich stelle ich AfD-wählende Sparkassenmitarbeiter bloß, wenn die so dumm sind, während der Arbeit von ihrem Dienstaccount beleidigende Mails zu verschicken", ließ er die Welt feixend wissen, womit die Sache auch für den Ex-Piraten problematisch wurde. Denn mit der Akzentuierung war klar, dass es vor allem um die Denunziation eines AfD-Anhängers ging, nicht etwa um die Offenlegung eines arbeitsrechtlichen Verstoßes und erst recht nicht um die Auseinandersetzung mit einer gegensätzlichen politischen Überzeugung. Entsprechend heftig war der Shitstorm in den sozialen Medien, dem sich der nun gar nicht mehr so lustig aufgelegte Denunziant plötzlich selbst ausgesetzt sah.

Dass Lauer daraufhin von vielen Journalisten zum Opfer stilisiert wurde, verdreht Ursache und Wirkung in grotesker Weise. Den Redaktionen kommt er gerade recht: Seit klar ist, dass die AfD nicht einfach wieder von der politischen Landkarte verschwindet – so wie seinerzeit Lauers Piraten –, überbieten sich Medien und Politik darin, Denunziation nicht nur zu fördern, sondern geradezu einzufordern. An der Spitze der Bewegung steht Deutschlands Justizminister mit einer Stiftung, deren Auftrag es ist, die sozialen Netzwerke von allen Meinungsäußerungen zu säubern, die den Mächtigen nicht gefallen. Ich appelliere dringend an jeden, dieser Anfänge zu wehren. Wohin sie führen können, wissen wir. Wie war das doch gleich mit Mitläufern, Denunzianten und Gemeinschaftskult?

Parteien in Panik
"Fake News" als neuer Feind der Berufspolitik

Schleichend hatten sich zuletzt die Anzeichen verdichtet, dass es der Meinungsfreiheit an den Kragen geht. Und im Jahr der Bundestagswahl hat sich die Gangart der Berufspolitik noch einmal verschärft. Zu groß ist die Angst, der Wähler könnte mündig werden und sich noch weiter von der Parallelgesellschaft des Bundestages abwenden. In früheren Zeiten war den etablierten Parteien der stetig sinkende Zuspruch egal. Denn auch mit einer Wahlbeteiligung noch deutlich unter dem bisherigen Tiefstand von 70% durften die Postenjäger und Diätenkassierer sicher sein, ihre Mandate in unverminderter Zahl zu erhalten.

Seit ihnen aber ernsthafte Konkurrenz erwachsen ist, die sich selbst mit medialem Dauerfeuer und ununterbrochener Diffamierung nicht mehr beseitigen lässt, herrscht Panik im Parteienstaat. Die vermutlich mit einem zweistelligen Prozentwert in den kommenden Bundestag einziehende AfD und die mit guten Chancen auf den Wiedereinzug antretende FDP werden gemeinsam wohl ein Fünftel des Kuchens beanspruchen, der ab September zu vergeben ist. Vor allem bei der SPD ist die Aufregung groß, droht sie doch unterhalb der 20%-Marke ins Ziel zu kommen. Düstere Aussichten für die ehemalige Volkspartei. Da kommt es gelegen, dass man den Bundesjustizminister stellt. Und der lässt nichts unversucht, die Pfründe zu verteidigen.

Seit geraumer Zeit meldet sich Heiko Maas mit großem Eifer zu Wort, wenn es darum geht, Meinungsäußerungen zu tadeln, die ihm missfallen. Gerne spricht der Minister dann von "Hetze". Eine private Institution darf mit seinem Wohlwollen die sozialen Netzwerke systematisch durchkämmen, um diese sogenannte Hetze aufzuspüren und zu verfolgen. Dabei spielt es keine Rolle, ob ein justiziables Vergehen vorliegt. Wäre dies so, müsste sich die Moralpolizei nämlich jeder Menge islamistischer Hassbotschaften annehmen, wie auch den vielen wüsten Beleidigungen außer Kontrolle geratener Linker. Doch diese Klientel steht nicht im Fokus des antikonservativen Säuberungstrupps, der es ausschließlich auf Sympathisanten der AfD abgesehen zu haben scheint.

Das Hauptaugenmerk liegt offenkundig auf der Eliminierung all jener Meinungsäußerungen, die aus dem rechten politischen Lager kommen. Es geht vor allem darum, den links-grünen Meinungskanon zu verteidigen. Dazu sollen nunmehr die Zügel angezogen werden: Die vier linken Bundestagsparteien sind sich einig, dass Deutschland ein "Abwehrzentrum" benötigt. Offiziell soll es die Desinformation bekämpfen, deren Urheber man überall vermutet. Auch ein Gesetz gegen "Fake News" soll es geben. Immer wieder fällt in diesem Zusammenhang der Name Wladimir Putin. Interessanterweise ist der zwar Präsident eines sozialistischen Landes, stiftet aber angeblich in der westlichen Welt sämtliche konservativen Kräfte dazu an, linke Regierungen zu stürzen..

Im Kampf gegen Meinungsfreiheut lenken die Regierenden die Aufmerksamkeit geschickt auf einen Aspekt, bei dem es kaum Widerspruch geben dürfte: Facebook & Co. sollen verpflichtet werden, konsequenter mit Kundenbeschwerden umzugehen und rechtswidrige Inhalte schneller zu löschen. Doch dies ist lediglich eine Nebelkerze. In Wahrheit dürfte es darum gehen, kritische Stimmen zum Schweigen zu bringen. Dies legen zumindest die jüngsten Wortmeldungen einiger Großkoalitionäre nahe. So drohte Unions-Fraktionschef Kauder im Stile eines nordkoreanischen ZK-Mitglieds, bald sei "mit der Freiheit Schluss", während sein Geschäftsführer Grosse-Brömer allen "falschen Meinungen" den Kampf ansagte.

Die Abwehrschlacht der etablierten Politik soll zukünftig ein "Wahrheitsministerium" organisieren. Allerdings gibt es wenig Anlass für neue Institutionen oder gar eine Verschärfung des Rechts. Der Justiz stehen bereits eine Fülle von Mitteln zur Verfügung, die man freilich nur dann für unzureichend halten kann, wenn man nicht Recht, sondern Moral zur Grundlage von Strafbarkeit macht. Da wir aber gerade dabei sind: Wer geht eigentlich gegen die "Fake News" der Parteien vor? Werden wir nicht – vor allem im Wahlkampf – von diesen ununterbrochen belogen und in die Irre geführt? Die Bundesregierung sollte sich ihr Vorhaben noch einmal gut überlegen. Denn nicht die Bürger, sondern sie selbst und ihre Kollegen, hätten sich künftig wohl regelmäßig vor dem "Abwehrzentrum gegen Desinformation" zu verantworten.

Schlechte Verlierer

Der Tabubruch einer hasserfüllten Medienmeute

Es wird noch lange dauern, bis sich die Vereinigte Linke damit abfindet, dass nicht mehr einer der Ihren auf dem amerikanischen Thron sitzt. Vielleicht wird sie es nie tun. Zur Amtseinführung Donald Trumps konnte die deutsche Journaille ihre Wut nicht laut genug in die Mikrofone schreien und ihre Verbitterung nicht wild genug in die Tastaturen hämmern. Der blinde Hass der Medienmeute auf den 45. US-Präsidenten hat ein unvorstellbares Maß erreicht. Und nachdem monatelange Beleidigungen und Diffamierungen ihr Ziel verfehlt haben, ziehen die linken Wutbürger nun hysterisch durch Amerikas Städte.

Zweieinhalb Millionen sollen es gewesen sein. Das klingt gewaltig, ist es aber nicht. Lassen wir einmal außer Acht, dass die von den Ausrichtern vermeldeten Zahlen stets höher liegen als die Schätzungen der Ordnungskräfte, dann haben sich selbst mit der hoch gegriffenen Teilnehmerzahl nicht einmal 0,8% der Amerikaner an den Protesten beteiligt. Und die wenig beeindruckende Quote wird überhaupt nur durch die Clinton-Hochburgen Los Angeles und Washington erreicht. Es scheint sich daher eher um die Wut schlechter Verlierer zu handeln, als um den Aufschrei des amerikanischen Volkes. Der deutschen Presse ist dies egal. Zu gut passen ihr die zu Massendemonstrationen aufgebauschten Kundgebungen der Clinton-Fans ins Konzept.

Mit allem, was sie hat, bekämpft die Medienriege ihren "Anführer der Intoleranz", weil dieser ein polit-mediales Establishment aufmischt, das nicht nur in den USA dem Volk die Demokratie entrissen hat. Dabei speisen sich die Beschimpfungen der politischen "Machtelite" vor allem aus der Furcht, sie könne aus ihren Elfenbeintürmen vertrieben werden, in denen sie sich auf Kosten der Bürger so prächtig eingerichtet hat. Die enorme Rückendeckung der Journalisten, Schauspieler und Musiker macht zwar Eindruck, darf aber nicht darüber hinwegtäuschen, dass es sich dabei lediglich um den Applaus politischer Groupies handelt. Denn kaum eine Berufsgruppe fühlt sich im links-grünen Milieu so zuhause wie die Medienschaffenden.

Der neue US-Präsident und seine über sechzig Millionen Wähler werden inzwischen in einem Atemzug mit AfD und PEGIDA genannt. Nur zu gerne erwecken viele Berichterstatter den Eindruck, Trump habe sich die Macht erschwindelt, weil er nur von einer Mehrheit der Wahlmänner, nicht aber der Bürger gewählt worden sei. Man verweist auf ein Wahlsystem, dessen vermeintliche Unzulänglichkeiten zuvor kaum interessierten. Und während man nicht müde wird, zu unterstreichen, dass nicht einmal die Hälfte der Wähler den neuen Präsidenten wollen, hat man noch nie bemängelt, dass bei der letzten Bundestagswahl fast 60% der Wähler die Union und ihre Kanzlerin verschmäht haben. Das wäre aber dann wohl zu viel der Fakten im postfaktischen Medienzeitalter.

Dieselben Mikrofon- und Stifthalter, die gebetsmühlenartig für Toleranz werben und ständig weinerlich beklagen, dass die Grenze des Unsagbaren immer weiter verschoben werde, brechen nun alle Tabus und vergehen sich am demokratisch gewählten Präsidenten der USA. Nie hatten sie sich daran gestört, dass Trumps Vorgänger unzählige Kriege in der arabischen Welt angefacht und eine ganze Region destabilisiert hat. Vorsorglich hatte man Barack Obama per Nobelpreis gar die Absolution erteilt. Nun aber soll der Teufel persönlich im Weißen Haus sitzen, dessen Regierungshandeln man freilich noch gar nicht beurteilen kann.

Die Vorhaben des "alten weißen Mannes", mögen vielen zuwider sein. Wie viel er umzusetzen und durchzusetzen vermag, wird sich zeigen. Erst am Ende seiner Amtszeit wird man Bilanz ziehen können, in Europa ebenso wie in den USA. Der deutsche Moral- und Meinungsjournalismus ist dabei so wenig hilfreich, wie die bockigen Reaktionen einer politischen Kaste, die sich lieber daran beteiligen sollte, der Demokratie zur Geltung zu verhelfen, als weiter an deren Abschaffung zu arbeiten. Nach Jahrzehnten der Agonie, des politischen Irrlichterns und der Bevormundung werden 2017 auch die Bürger in Europa ihr Schicksal wieder in die eigenen Hände nehmen. Der Hass der "Meinungsmacher" wird sie nicht aufhalten.

Die Protektionisten
Deutschlands Medien und die Strafzölle der EU

Deutschlands Redaktionen liefern dieser Tage ein weiteres Anschauungsbeispiel dafür, dass man keine gefälschten Nachrichten verbreiten muss, um zu desinformieren. Es genügt bereits die schlichte Weglassung von Fakten, um zu manipulieren, so geschehen bei der von der Europäischen Union beschlossenen drastischen Anhebung der Strafzölle auf chinesische und taiwanesische Stahlimporte. Die EU-Behörden hatten bekanntgegeben, dass künftig Preisaufschläge von bis zu 65% erhoben würden, um die Billigkonkurrenz aus Asien vom europäischen Markt fernzuhalten. Erst vor zwei Jahren hatte die EU die Strafzölle auf bis zu 25% angehoben, nachdem frühere Maßnahmen keine Wirkung gezeigt hatten.

Deutschlands Presse war die Entscheidung jedoch keine Schlagzeile wert. Hierzulande musste man schon auf ausländische Medien zurückgreifen, um von der Verschärfung der europäischen Strafzölle zu erfahren, was in der aktuellen Aufgeregtheit um geplante amerikanische Zollverschärfungen einen besonders faden Beigeschmack hat. Um Missverständnissen vorzubeugen: Es geht hier nicht darum, die hohen staatlichen Subventionen, die miserablen Arbeitsbedingungen oder die Dumpinglöhne zu verteidigen, mit denen China in der Lage ist, seinen Stahl deutlich unter dem Marktniveau anzubieten. Die Errichtung weltweiter Mindeststandards muss das Ziel bleiben.

Doch nicht einmal den Hauptnachrichten der Tagesschau war die EU-Entscheidung eine Silbe wert. Nun kann man einwerfen, dass die Tagesschau-Redaktion angesichts der knappen Sendezeit von gerade einmal 15 Minuten stets eine Nachrichtenauswahl treffen muss. Selbstverständlich ist das so. Ob aber die Inszenierung der Einführung von Sigmar Gabriel und Brigitte Zypries in ihre neuen Ministerämter mit Ausschnitten aus deren mehr oder weniger launigen Vorstellungsreden garniert werden musste oder keinesfalls auf das Abschiedsfilmchen mit Frank-Walter Steinmeier und seiner Belegschaft im Außenministerium verzichtet werden konnte, ist doch äußerst fraglich. Die verlorene Sendezeit hätte spielend ausgereicht, um über die Brüsseler Strafzollverschärfung zu berichten.

Die Weglassung scheint nicht ohne Grund erfolgt zu sein, denn Meldungen über europäische Zollerhöhungen passen eben nicht ins Konzept der Einheitsberichterstattung über den neuen US-Präsidenten, die ein Nachrichtensender mit der Headline "Kommt der Strafzoll-Wahnsinn?" toppte. Über die drastischen Brüsseler Strafmaßnahmen sind Deutschlands Journalisten hingegen offenbar weniger besorgt. Man tut sich schwer damit, über den Protektionismus der EU zu informieren, wo man doch den Protektionismus der Trump-Administration so gerne anprangert. Anders war dies vor zwei Jahren bei der letzten EU-Zollverschärfung für chinesischen Billigstahl: Sämtliche deutschen Medien hatten damals berichtet – ein Donald Trump war ja auch weit und breit nicht in Sicht.

Dabei könnte der Journalismus seinen Kunden mehr zutrauen. Die Bürger sind durchaus in der Lage zu verstehen, dass es einen Unterschied macht, ob man Dumping bekämpft oder den freien Handel einschränkt. Doch eine Presse, die nur noch auf die Wirkung von Headlines setzt und sich keine Mühe mehr macht, Hintergründe aufzuzeigen, beraubt sich der Möglichkeit, Sachverhalte objektiv und nachvollziehbar darzustellen. Und sie muss sich den Vorwurf gefallen lassen, dass sie nicht bloß über Politik berichten, sondern Politik machen will. Für jeden, der ein möglichst vollständiges Bild erhalten möchte, bleibt da lediglich, sich regelmäßig beim Online-Angebot der Auslandsmedien zu informieren. Vor allem die Neue Zürcher Zeitung macht sich hier seit vielen Jahren verdient.

Für die deutsche Zeitungsbranche kann der Auftrag aber nur heißen, endlich wieder Nachrichten zu liefern. Stetig sinkende Auflagen zeugen davon, dass es immer mehr Menschen sauer aufstößt, wenn eitle Journalisten Nachrichten machen wollen oder sich selbst für die Nachricht halten. Der wachsende Widerstand, der sich nicht nur in den sozialen Netzwerken zeigt, ist weniger Ausdruck des stumpfen Hasses irgendwelcher Wutbürger, als vielmehr ein verzweifelter Appell an die Medien, Wahrhaftigkeit und Sorgfalt wieder zum Kern ihrer Berichterstattung zu machen. Manipulationen fliegen schnell auf. Denn anders als von der Berufspolitik gerne vermittelt, ist das Internet ein Segen für die Demokratie.

Der Puppenspieler
Erdoğan lässt Merkel nach Belieben tanzen

Sie hat sich erneut vorführen lassen von dem Mann, in dessen Hände sie ihr Schicksal gelegt hat. Der Gang nach Canossa sollte den Kalifen vom Bosporus bei Laune halten, damit er ihr keine Millionenheere neuer Zuwanderer schickt. Wie ein schüchternes Schulmädchen saß Merkel da, geradezu verschwindend vor den überdimensionalen türkischen Flaggen, die den beklemmenden Rahmen der demütigenden Zeremonie bildeten. Zaghaft versuchte sie sich in ihrer gewohnt nichtssagenden Allerweltsrhetorik. Und der Machthaber ließ sie gewähren. Doch nur bis zu dem Punkt, an dem die Kanzlerin äußerte, man wolle den islamistischen Terror gemeinsam bekämpfen – ein Ziel, dem sich kein Mensch mit Verstand widersetzen könnte.

Anders Erdoğan. Empört wies er seinen Gast zurecht, als muslimischer Staatspräsident akzeptiere er nicht, dass die friedliche Religion des Islam mit dem Terror in Verbindung gebracht werde. Devot beeilte sich die Gescholtene, den aufgebrachten Herrscher der Wertschätzung für alle Muslime in Deutschland zu versichern. Es war der Höhepunkt der Erniedrigung der deutschen Regierungschefin, die einem genervt wirkenden Despoten die Zeit zu stehlen schien. Ohnehin hätte sie sich ihren Besuch sparen können, hatten doch schon die vier Visiten davor gezeigt, dass die Reise nach Ankara ungefähr so bedeutsam ist, wie die Frage, wer der nächste Dschungelkönig wird.

Auch über Merkels Ermahnung, die Opposition gehöre zur Demokratie, konnte Erdoğan nur lachen. Das weiß er natürlich – eben deswegen hat er sie ja abgeschafft. Auf dem Weg zur Erdokratie lässt sich der türkische Machthaber von niemandem aufhalten. Nur noch zwei Monate, dann dürfte er sein Ziel erreicht haben, wenn die Bürger der Türkei über die Änderung ihrer Verfassung abstimmen. Die westliche Welt lässt den Mann gewähren, der nie einen Hehl daraus gemacht hat, wie wenig er von demokratischen Grundsätzen hält. Mit dem Erpressungspotential randvoller Flüchtlingscamps und dem Druckmittel gewichtiger NATO-Stützpunkte hält Erdoğan den Westen in Schach.

Seit dem Putsch im Sommer, den nicht wenige für inszeniert hielten, hat er das Tempo noch einmal angezogen. So hat er der Europäischen Union einen milliardenschweren "Flüchtlingsdeal" abgetrotzt, der vor allem ihm selbst nutzt, weil er seither nicht nur mit der deutschen Kanzlerin nach Lust und Laune spielen kann. Wann immer es ihm zu bunt wird, droht der Kalif mit der Kündigung. Eigentlich sieht die Vereinbarung vor, dass die Türkei jeden illegal über die türkisch-griechische Grenze in die EU Einreisenden zurücknimmt. Im Gegenzug darf dafür jeweils ein syrischer Flüchtling aus der Türkei kommen. Doch der Deal funktioniert nicht. Seit Inkrafttreten im April 2016 hat die Türkei nicht einmal 900 Migranten zurückgenommen. Umgekehrt hat sie der Europäischen Union fast 3.000 Syrer geschickt.

Merkel hat in Ankara nicht nur nichts erreicht, sondern kehrt gar mit noch schwererem Gepäck zurück. 500 Migranten pro Monat musste sie Erdoğan zusagen. So viele neue Zuwanderer will Deutschland der Türkei über den "Flüchtlingsdeal" hinaus künftig abnehmen. Doch damit nicht genug: Während die hilflose "Willkommenskanzlerin" sich ihrer Erniedrigung hingab, musste sie auch noch die neuesten Umfragen über sich ergehen lassen. Und die waren unerfreulich: Kaum hatte die SPD Martin Schulz aus dem Hut gezogen, schoss dieser an Merkel vorbei. Die Hälfte der Deutschen würden ihm in einer Direktwahl den Vorzug geben. Nur noch ein Drittel kann sich für Merkel erwärmen. Selten ist ein Misstrauensvotum klarer artikuliert worden, zumal angesichts der limitierten Fähigkeiten des EU-Bürokraten, der sich in Brüssel wie kaum ein anderer für die Abschaffung nationalstaatlicher Souveränität eingesetzt hat und nun Kanzler werden will.

Doch zurück zur Audienz von Ankara: Kaum kritische Worte fanden Deutschlands Journalisten für den türkischen Machthaber. Während man sich im Stundentakt am US-Präsidenten abarbeitet, wird Erdoğan auf befremdliche Weise geschont. Die Medienvertreter sollten endlich faire Maßstäbe anlegen. Denn in den USA werden weder Journalisten, noch Oppositionelle verhaftet. Und die Gerichtsbarkeit funktioniert einwandfrei. Von der Bombardierung von Minderheiten ist erst recht nichts bekannt. Die Demokratie ist nicht jenseits des Atlantiks in Gefahr, sondern ganz in unserer Nähe.

Der Schrecken der Steuerzahler
Die dunkle Seite des Martin Schulz

Er hätte so gerne, dass wir glauben, er sei einer von uns. Doch nicht etwa, weil er uns besonders schätzt, sondern weil er weiß, dass dies die Siegchancen seiner SPD erhöht. Martin Schulz mimt den einfachen Bürger, der sich ins politische Establishment drängelt, um endlich Volkes Stimme Gehör zu verschaffen. Und scheinbar geht seine plumpe Strategie auf. Zumindest suggerieren dies aktuelle Umfragen. Jubelnde Pressechöre verkünden uns täglich, wie dicht die mit dem Bundespräsidenten beschenkte SPD vor der Kanzlerschaft steht. Das Laienschauspiel des Martin Schulz ist jedoch so unglaubwürdig, dass man sich fremdschämt.

Wie kein anderer steht der bis Anfang des Jahres amtierende Präsident des Europaparlaments für die zentralistische Herrschaft der Brüsseler Politkaste. Gemeinsam mit Jean-Claude Juncker, der nach dem Abgang seines Kompagnons trotzig mitteilte, nicht noch einmal als Kommissionspräsident antreten zu wollen, hat sich Schulz damit hervorgetan, die staatliche Souveränität der Länder Europas infrage zu stellen. So gerne hätte das "Duo Infernale" die Vereinigten Staaten von Europa gegründet und diese als Doppelspitze regiert. Gottlob wird daraus nichts. Nun versucht sich der gescheiterte EU-Zentralist als Kanzlerkandidat – ein neuer Anlauf des Mannes, der die Steuerzahler in seiner Laufbahn schon viel Geld gekostet hat.

Die Schulz-Vita liest sich wie ein Drei-Groschen-Roman. Als Sohn eines Polizeibeamten und einer politisch engagierten Hausfrau zog es den heute 61-Jährigen zunächst zur CDU, für die er in seiner Heimatstadt Würselen mit einigen Mitstreitern einen Ortsverband gründete. Mit der Schule klappte es nicht so gut: Den Versuch, das Abitur zu erlangen, brach Schulz nach zweifachem Scheitern in der elften Klasse ab. Immerhin bemühte er sich danach, auf eigenen Beinen zu stehen. Er machte eine Ausbildung zum Buchhändler und brachte es in den 1980er Jahren sogar zu einer eigenen Buchhandlung. Politisch hatte der Katholik aus bürgerlichem Hause da schon längst die Seiten gewechselt. Geprägt von einer längeren Arbeitslosigkeit nach dem Verlassen der Schule, schloss sich der damals 19-Jährige der SPD an – der zeitlose Klassiker von der Hinwendung der Mittellosen zu den Sozialisten.

Schnell machte das Juso-Mitglied Karriere in der Kommunalpolitik und wurde 1987 zum Bürgermeister Würselens gewählt. Seither hat sich Schulz zum Schrecken der Steuerzahler entwickelt. Seiner Heimatstadt hinterließ er einen Schuldenberg, den er unter anderem dadurch angehäuft hatte, dass er ihr ein pompöses Spaßbad bescherte, das bis heute Millionenbeträge verschlingt. Das Prestigeobjekt war nach einem Bürgerbegehren eigentlich schon beerdigt, aber Schulz fand einen trickreichen Weg, das Votum wegen eines Formfehlers für ungültig zu erklären. Der Pyrrhussieg gegen die Wähler markierte jedoch den Anfang vom Ende des Bürgermeisters Martin Schulz.

Der hatte bald den Absprung ins Europäische Parlament geschafft. Und befreit von der Last des Ersten Mannes im kleinen Würselen, arbeitete er sich dort rasch voran. Als das Parlament den langjährigen Fraktionsvorsitzenden der europäischen Sozialisten 2012 zum Chef wählte, war Schulz auf dem Olymp angekommen. Nun galt es offenbar mitzunehmen, was die bezahlte Politik hergab. Vor allem die Tagegeld-Affäre ließ aufhorchen. Schulz kassierte jährlich mehr als 100.000 Euro zusätzlich, weil er als Parlamentspräsident Anspruch auf ein Tagegeld für jeden einzelnen Tag des Jahres hatte – ganz gleich, ob er für die EU unterwegs war, oder nicht. Vor der Europawahl 2014 kam man ihm auf die Schliche.

Auch für seine engsten Mitarbeiter sorgte er gut: Schulz soll versucht haben, seinen ehemaligen Wahlkampfmanager in einen der hoch dotierten EU-Beamtenposten zu hieven – die übliche Danksagung derer, die von der Politik leben, an ihre Getreuen. Sein Schützling hat sich zudem durch kreative Reisekostenabrechnungen auf Steuerzahlerkosten ein stattliches Zubrot in fünfstelliger Höhe verdient. Wie ein roter Faden zieht sich die ernüchternde Erkenntnis durch alle Ämter: Wo Schulz das Sagen hat, halten die Steuerzahler den Atem an. Der Kanzlerkandidat der SPD steht sinnbildlich für eine politische Kaste, die sich im Besitz des Staates wähnt und dessen Pfründe unter sich aufteilt. Nein, Martin Schulz ist keiner von uns – so sehr er dies auch vorgibt zu sein.

Nicht Fisch, nicht Fleisch
Hendricks und ihre Zwangsernährungsverordnung

Seit nunmehr bereits 30 Jahren gibt es das Bundesministerium für Umwelt, Naturschutz, Bau und Reaktorsicherheit. Es entstand als Reaktion auf die Nuklearkatastrophe von Tschernobyl, um den erstarkenden Grünen den Wind aus den Segeln zu nehmen. Gegründet aus rein wahltaktischen Überlegungen, hat es heute einen so großen gesellschaftlichen Einfluss wie kein anderes Bundesministerium. Immer neue Kompetenzen sind über die Jahre hinzugekommen. Längst hat sich das Umweltministerium auch zentrale Aufgaben des Verkehrs- und Bauministeriums einverleibt. Kein Wunder, dass Barbara Hendricks die Bodenhaftung zu verlieren scheint.

Die Bundesumweltministerin herrscht über ihr Großreich mit der Selbstgewissheit einer unbelehrbaren Ideologin. Zu ihrem Selbstverständnis gehört offenbar auch ein Erziehungsauftrag. Dabei sind Ministerien Dienstleistungsbehörden. Der Begriff leitet sich aus dem Lateinischen ab und bedeutet Dienst oder Amt. Minister sind demzufolge leitende Diener, mehr nicht. Zu ihren Pflichten gehört die Erarbeitung von Gesetzesentwürfen, Rechtsverordnungen und Verwaltungsvorschriften, was Hendricks mit Begeisterung tut. Sie scheint gar nicht genug kriegen zu können von der Reglementierung der Bürger. Nun hat ihre Regelungswut den Magen erreicht: Die Genossin mit grüner Seitenlage setzt Besuchern nur noch Vegetarisches vor.

Seit drei Wochen schaut dumm aus der Wäsche, wer als offizieller Gast des Umweltministeriums seinen Hunger mit einem saftigen Stück Fleisch stillen will. Und selbst Fischliebhabern gönnt man ihre Scholle nicht mehr. Wer einen Termin im Hause Hendricks hat, bringt sich sein Wurstbrot am besten selbst mit. Sicher kann man einwerfen, dass die Einnahme einer Gemüsesuppe unbedenklich ist. Dass eine Behörde ihren Gästen jedoch den Genuss alltäglicher Nahrungsmittel verweigert, ist schwere Kost. Das Ganze erinnert an die berühmten "Friesenhäuser" auf Amrum: Ähnlich wie die von König Gottfried absichtlich zu niedrig gehaltenen Türen, die ihren Sinn darin hatten, dass sich die besiegten Friesen beim Ein- und Austritt vor dem Herrscher verbeugen mussten, setzt Hendricks ihren Besuchern vegetarisches Essen vor, damit sie gezwungen sind, sich ihrer Ideologie zu unterwerfen.

Nach dem Scheitern der "Veggie Day"-Doktrin geht vom Epizentrum der Umerziehung ein deutliches Signal aus: Macht ihr nicht freiwillig mit, werden wir euch zwingen. Die Umweltministerin rechtfertigt ihre interne Dienstanweisung, nur noch fisch- und fleischlose Kost anliefern zu lassen, mit der Vorbildfunktion ihres Ministeriums. Ende 2016 hatte sie vorgeschlagen, Fleischprodukte mit dem vollen Mehrwertsteuersatz zu belegen, um ihr ehrgeiziges Ziel zu erreichen, den Fleischkonsum bis 2050 zu halbieren. Hendricks will das Weltklima retten, von dem niemand weiß, was es vorhat. Und Vegetarisches sei nun einmal "klimafreundlicher als Fleisch und Fisch".

Dass dies auch gegenüber Milch und Käse gilt, macht die Sache zwar nicht besser, verdeutlicht jedoch eines: Wer Landwirtschaft betreibt, um die Menschen auf der Erde zu ernähren, kann nicht gleichzeitig die Welt retten. Ohnehin ist offenkundig, dass die Dogmen der Politik den komplexen Zusammenhängen der Natur nicht ansatzweise gerecht werden. Es ist jedenfalls sicher keine sehr kluge Idee, Mangelernährung als neues Klimaschutzziel zu definieren. Glücklicherweise bezieht sich die Verordnung (noch) nicht auf die Kantine des Ministeriums. Hendricks wird wissen, dass viele der fast 1.200 Mitarbeiter Sturm laufen würden, könnten sie künftig an ihrem Arbeitsplatz nur noch Tofu, Suppe und Salat zu sich nehmen. Fisch und Fleisch gehören nun einmal zu einer ausgewogenen Ernährung.

Die Politikergeneration unserer Zeit gibt ein ausgesprochen trauriges Bild ab. Verbote und Verordnungen treten zunehmend an die Stelle von Aufklärung und Diskurs. Statt immer neue Wege der Bevormundung und Maßregelung zu suchen, sollte die Ministerin mit ihren Kollegen darüber nachdenken, wie man den zur Unmündigkeit erzogenen Bürger darin bestärken könnte, wieder mehr Verantwortung für sich und andere zu übernehmen. Der Umwelt käme dies bestimmt zugute. Wer einen Nanny-Staat errichtet, verhindert nämlich, dass eine Gesellschaft kreativ daran mitarbeitet, Rahmenbedingungen für echte Nachhaltigkeit zu schaffen. Aber vielleicht geht es Hendricks & Co. ja auch gar nicht um die Umwelt...

"Erlebnis Vergewaltigung"
Der Zynismus linker Sprachbereiniger

Die Umdeutung von Begriffen hat Hochkonjunktur. Und ebenso rege wird an der Neuschöpfung von Wörtern gearbeitet. Bestimmte Formulierungen will man uns gleich ganz abgewöhnen. Bei alledem geht es darum, die Deutungshoheit im öffentlichen Diskurs zu erlangen, um sich eine Vormachtstellung zu sichern, die allerdings auf dem brüchigen Fundament eines moralischen Überlegenheitsgefühls steht. Unter dem Deckmantel des Minderheitenschutzes wird unsere Sprache dafür seit geraumer Zeit von einer kleinen, aber wortgewaltigen Schar penetranter Umerzieher kontrolliert. Sie agieren unter anderem vom sicheren Wachturm staatlich finanzierter Organisationen herab, die sich durch die Vorteile der Gemeinnützigkeit auf Kosten der Steuerzahler am Gemeinwohl vergehen.

Gerne schicken diese Umerzieher auch mal vermeintlich unverdächtige Zeitgenossen vor, um ihre Botschaften zu verkünden und Objektivität vorzugaukeln. Eine dieser Gesinnungshelferinnen hat sich nun mit einer Forderung zu Wort gemeldet, die so menschenverachtend ist, dass es einem die Sprache verschlägt. Mithu Sanyal, von der man nicht mehr wissen muss, als dass sie ihre Doktorarbeit über die "Kulturgeschichte des weiblichen Genitals" geschrieben hat, will Vergewaltigungsopfer in "Erlebende sexualisierter Gewalt" umbenennen. Dabei geht es ihr vordergründig um die Vermeidung des Opferbegriffs.

Abenteuerlich klingt die an den Haaren herbeigezogene Begründung, das Wort "Opfer" sei mit einer "Busladung von Vorstellungen" verknüpft. Opfer würden nämlich als "wehrlos, passiv und ausgeliefert" empfunden, ließ uns Sanyal via "taz" wissen. Viel lieber möchte sie daher das Erlebnis der vergewaltigten Frauen in den Mittelpunkt stellen, die ja auch nach dem Erlebten immer noch "sie selbst" seien – und eben keine Opfer. Eine zynische Verbalakrobatik, die man ganz sicher nicht verstehen muss. Eines jedoch versteht jedes Kind: Wer wie die Kulturwissenschaftlerin Sanyal Opfer von Vergewaltigungen zu "Erlebenden" erklärt und damit die Vergewaltigung zum Event stilisiert, der vergeht sich ein zweites Mal an den Gepeinigten.

Doch damit nicht genug: Sanyal versteigt sich gar zu der Behauptung, dass ihre Wortschöpfung den Betroffenen erst erlaube, das "Erlebte" – nennen wir es ruhig weiterhin: die Vergewaltigung – aktiv zu bewerten. Die Formulierung lade dazu ein, "über die Wahrnehmung der erlebenden Person nachzudenken", schreibt die Halbinderin. Sie meint damit hoffentlich nicht, dass einem Opfer die Vergewaltigung vielleicht auch ein bisschen Spaß gemacht haben könnte. So oder so ist die unsensible Wichtigtuerei der Feministin ein neuerlicher Gipfel der Geschmacklosigkeit linker Debatten. Und sie ist ein weiterer Versuch der Mitglieder des Gesinnungskartells, unverdächtige, aber ihnen nicht genehme Begriffe aus dem öffentlichen Diskurs zu verbannen.

Wertfrei soll unsere Sprache nach den Vorstellungen der Sprachbereiniger sein. Dabei gehört es zu ihrem Selbstverständnis, dass nur sie das Recht haben, das Register wertfreier Begriffe anzulegen. Konsequent zu Ende gedacht, endet dieser Weg in einer Sackgasse. Kommunikation lebt nämlich gerade davon, dass Menschen ihre persönliche Wahrnehmung zum Ausdruck bringen können. Wer Individualität den Vorzug vor Gleichmacherei gibt, kommt nicht umhin festzustellen, dass Sprache wertend sein muss. Dies gilt besonders für die Verarbeitung traumatischer Erlebnisse und Erfahrungen. Es ist ein bitterer Treppenwitz, dass der von den Linken auf alles und jeden angewendete Opferbegriff angeblich die Diskriminierung Vergewaltigter befördert.

Sanyal pocht auf das Grundrecht auf Selbstbestimmtheit, indem sie den Betroffenen körperlicher Gewalt die Opferrolle abspricht. Umgekehrt erklären sie und ihre Gesinnungsgenossen ständig Menschen zu Opfern, die zwar in Bedrängnis, aber eben keine Opfer sind. Heerscharen unverschuldet in Not Geratener zu erfinden, deren einzige Rettung der allfürsorgende Staat sein soll, und gleichzeitig die Machtlosigkeit zu negieren, die echte Opfer im Moment der Gewalt verspüren, ist boshaft und gefühllos. Auf derlei Herzlosigkeiten empathieloser Feministinnen können wir getrost verzichten.

Die abgesagte Grenzsicherung
Feigheit als Wegbereiter der Staatskrise

Seit dem Jahr 2010 berichtet Robin Alexander aus dem Kanzleramt. In all den Jahren ist er zu einem der engsten journalistischen Wegbegleiter Angela Merkels geworden. Wenn einer wie er minutiös beschreibt, was sich in den alles verändernden Tagen im September 2015 zugetragen hat, darf man einerseits davon ausgehen, dass er die Fakten tatsächlich kennt, und andererseits annehmen, dass er die Kanzlerin nicht aus einer Laune heraus in die Pfanne haut. Robin Alexander ist ein glaubwürdiger und seriöser Berichterstatter des inneren politischen Zirkels. Nun hat der 41-Jährige eine wesentliche Passage aus seinem neuen Buch veröffentlicht.

Er kommt zu dem ernüchternden Fazit, dass die Sicherung der deutschen Grenzen nicht am politischen Willen gescheitert ist, sondern an der Feigheit der Bundesregierung. Während die Bundespolizei, die früher viel zutreffender "Bundesgrenzschutz" heißen durfte, mit schwerem Gerät und Hundertschaften vorbereiteter Einsatzkräfte parat stand, bekamen Merkel, de Maizière und die anderen kalte Füße. Zu groß war ihre Sorge, die Grenzsicherung würde vor Gericht nicht bestehen. Zu viel Angst hatten sie vor den gutmenschelnden Medienhyänen. So wurde der Beschluss, die südliche Grenze Deutschlands gegen die zur Flucht verklärte Masseneinwanderung zu sichern, in letzter Minute über den Haufen geworfen.

Natürlich stand beim Rückzieher der Kanzlerin und ihrer Getreuen nicht die Furcht vor der deutschen Gerichtsbarkeit im Vordergrund. Nichts hätte ihnen passieren können, wären die strikten Grenzkontrollen Monate später höchstrichterlich für illegal erklärt worden. Immer und immer wieder werden Bundesregierungen von der Justiz gerügt, Gesetze kassiert oder Beschlüsse für nichtig erklärt. Wenn Merkel & Co. also an jenem Abend des 12. September 2015 zurückruderten, dann vor allem aus einem Grund: Panik hatte sie ergriffen. Das Gebrüll "antifaschistischer" Lobbyisten, die Hysterie aller nur denkbaren Weltfremd-Organisationen und das mediale Gewitter links-grüner Berufsschreiber hätte sie dem Verlust ihrer Ämter näher gebracht als jedes deutsche Gericht.

Vor allem der Bundesinnenminister hatte die Hosen voll, berichtet Robin Alexander. De Maizière trieb die Sorge um, es könne zu unschönen Szenen kommen: "Was geschieht, wenn 500 Flüchtlinge mit Kindern auf dem Arm auf die Bundespolizisten zulaufen?", soll er den Chef der Bundespolizei gefragt haben. Unbegründet war die Angst des Innenministers nicht. Noch in bester Erinnerung sind die Bilder, die alle Medien in den ersten Monaten der Zuwanderungswelle vermittelten. Es waren vor allem solche Aufnahmen, mit denen die deutsche Bevölkerung täglich gehirngewaschen wurde. Von einer Regierung muss man allerdings erwarten, dass sie ihre Entscheidungen in einer Staatskrise nicht an der befürchteten medialen Reaktion ausrichtet, sondern am Gemeinwohl.

Die Bundeskanzlerin hat einen Eid geschworen, der sie dazu verpflichtet, "Schaden vom deutschen Volk abzuwenden". Sie hat ihn in der Zuwanderungskrise nicht erst an jenem 12. September 2015 gebrochen, sondern bereits eine Woche zuvor, als sie die deutschen Staatsgrenzen per Selbstermächtigung an allen Organen und Gewalten der Bundesrepublik vorbei für nichtig erklärt hatte. Nun also fehlte ihr auch das Rückgrat, den historischen Fehler zu korrigieren. Wehmütig denkt man an entscheidungsstarke Männer wie Schmidt, Kohl oder Genscher zurück. Sie waren bereit, ihre Überzeugungen über das politische Überleben zu stellen.

Auch Gerhard Schröder ist hier zu nennen, der mit der "Agenda 2010" das wohl wegweisendste politische Projekt unserer Zeit durchgesetzt und sein politisches Amt dafür geopfert hat. Die heutige Generation der Berufspolitiker, ob mit oder ohne Führungsaufgabe, opfert hingegen lieber ihre Prinzipien, weil sie viel zu gut von ihrem Mandat leben kann. Wir müssen dringend etwas ändern! Nur wenn wir die Berufspolitik unattraktiv für Karrieristen machen und verhindern, dass sich jemand dort eine goldene Nase verdienen kann, rückt die Orientierung am Gemeinwohl wieder stärker in den Mittelpunkt. Wie es gehen könnte, zeigt die Schweiz. Schauen sie hierzu doch mal auf www.parlament.ch vorbei.

Amok statt Terror
Willkommen im Land der Psychopathen

Es ist also schon wieder passiert. Inzwischen kann man die vielen gleich gelagerten Vorfälle kaum noch zählen. Gottlob gab es im Düsseldorfer Hauptbahnhof diesmal keine Toten. Eigentlich ein Wunder, wenn man bedenkt, dass da einer mit der Axt auf arglose Passanten eingeschlagen hat. Und wie immer dauerte es nur wenige Stunden, bis die Öffentlichkeit plakativ darüber informiert wurde, dass der Täter Fatmir S. psychisch gestört sei. Der Amoklauf eines Geisteskranken, nichts weiter. Denn im Bundestagswahljahr kann nicht sein, was nicht sein darf. Das "T-Wort" muss um jeden Preis vermieden werden – auch um den der Glaubwürdigkeit.

Den Terror nennen Behörden, Redaktionen und Politik nur dann beim Namen, wenn sie vermeintlich einen Anschlag verhindert haben. Wenn es keine Opfer gibt, brüstet man sich gerne damit, dass der Islamismus nicht zum Zug gekommen ist. Wenn er allerdings Erfolg hat – und das hat er häufiger, als man uns wissen lässt –, dann darf er so nicht heißen. Hastig fördern Ermittler die benötigten "Beweise" zutage: Hier ein herumliegendes Attest, dort ein Familienangehöriger, der die Ferndiagnose bestätigt. Im Zweifel reicht auch ein Nachbar, der schon immer wusste, dass der Täter nicht ganz dicht ist. Es ist wirklich erstaunlich, wie viele amoklaufende Verrückte es in Deutschland seit eineinhalb Jahren gibt.

Dabei liegt man wohl tatsächlich nicht ganz falsch, wenn man Axtschwinger wie Fatmir S. für verrückt erklärt. Wer mit Machete, Beil oder Schusswaffe auf wildfremde Menschen losgeht, hat offensichtlich nicht mehr alle Tassen im Schrank. Dies aber sofort nach der Tat zu diagnostizieren, um jeden Verdacht auf einen Zusammenhang mit der religiösen Weltanschauung des Täters zu zerstreuen, ist ebenso irre. Denn auch Fatmir S. bestätigt ein Muster, dass uns inzwischen leider nur zu vertraut ist. Aus dem muslimisch geprägten Kosovo stammt der Mann, der sich seit 2009 in Deutschland aufhält und "aus humanitären Gründen" immer noch hier sein darf, weil die eigentlich längst überfällige Abschiebung seinem Gesundheitszustand angeblich abträglich ist.

Nun war sein Verbleib der Gesundheit neun anderer Menschen ausgesprochen abträglich, weil die Verantwortlichen die Genfer Flüchtlingskonventionen und das Asylrecht bis zum Zerbersten überdehnen. Schon die Tatsache, dass wir es immer wieder mit polizeibekannten Tätern zu tun haben, die eigentlich nicht mehr hier sein sollten, wirft die Frage auf, ob nicht irgendetwas grundlegend schief läuft in diesem Land. Vor allem aber darf die Frage gestellt werden, warum die psychische Erkrankung immer dann ins Feld geführt wird, wenn die Täter Abdu, Muhammad oder Fatmir heißen. Hat man jemals gehört, dass einem rechten Schläger eine Psychose attestiert wurde? Oder einem linken Polizistenmörder? War eine psychische Störung je gut genug als Grund für die Taten eines Kinderschänders?

Nein, nur bei Tätern einer bestimmten Glaubensrichtung – seien es welche mit oder ohne deutschen Pass – soll offenbar partout die psychische Verfasstheit in den Mittelpunkt gerückt werden. Und so ist die Zahl der Psychopathen in Deutschland sprunghaft angestiegen, vor allem jener, die Erleichterung nur darin zu finden scheinen, andere Menschen in Bahnhöfen, Einkaufszentren und Fußgängerzonen niederzumetzeln. Immer steht dabei die Diagnose am Anfang der Ermittlungen. Natürlich hat es Amokläufe hierzulande auch früher schon gegeben – neun seit der Jahrtausendwende. Uns weismachen zu wollen, dass es plötzlich neun pro Jahr sein sollen, beleidigt jedoch unsere Intelligenz.

Es wird Zeit, dass Deutschland sich endlich ehrlich macht. Wer befürchtet, mit der Benennung des Offensichtlichen Rechtspopulisten in die Hände zu spielen, darf sich nicht wundern, wenn die Verschleierung offenkundiger Muster genau dies bewirkt. Doch Presse und Politik halten sich für schlauer als den Rest der Bevölkerung. Sie haben vieles probiert: Von penetranten Hurra-Rufen über üble Diffamierungen bis hin zu gespielter Selbstkritik. Es hat ihnen alles nichts genutzt. Zu gut wissen die Bürger mittlerweile einzuordnen, was im Deutschland des Jahres 2017 passiert. Denn Terror ist kein Amoklauf – ganz egal, auf wie viele Atteste sich ein Täter berufen kann.

Das Menetekel
Der Wahlerfolg der Partei eingewanderter Türken

Nie zuvor ist eine niederländische Parlamentswahl mit so großem Interesse verfolgt worden wie diesmal. Am Ende waren die Kommentatoren erleichtert. Einhellig lobte vor allem Deutschlands sogenannte politische Elite den "Sieg für Europa", den sie daran festmachte, dass ihr Erzfeind Geert Wilders nicht mehr als 20 der 150 Parlamentssitze errang. Dennoch stieg dessen PVV mit einem Zugewinn von sage und schreibe 25% zur zweiten politischen Kraft auf. Dass die bisherigen Regierungsparteien gravierende Verluste beklagen müssen und das niederländische SPD-Pendant quasi von der politischen Landkarte verschwunden ist, trübt die Partylaune der Anti-Wilders-Front nicht. Auch nicht die des neuen SPD-Vorsitzenden Schulz.

Die heftigen Reaktionen lassen erahnen, wie groß in den Elfenbeintürmen der deutschen Berufspolitik die Sorge ist, "ihr Europa", jener bürger-und demokratieferne Zentralapparat, könnte weiteren Schaden nehmen. Dabei verstellt die Umdeutung des Wahlergebnisses den Blick auf einen Umstand, dem Europa tatsächlich seine volle Aufmerksamkeit widmen sollte. Denn die Europäische Idee gerät nicht durch jene in Gefahr, die lautstark nach einer grundlegenden Reform der EU rufen. Nicht einmal dann, wenn sie dafür drastische Formulierungen wählen. Europas Gegner formieren sich vielmehr im Stillen. Und sie wollen mehr abschaffen als das Brüsseler Zentralorgan.

Unbemerkt von der Öffentlichkeit treffen sie sich in den Hinterzimmern islamischer Kulturvereine. Sie haben sich hier und da aber auch schon Zugang zu den kommunalen Parlamenten verschafft. Und die Ausländerbeiräte in den Städten und Gemeinden dominieren sie ohnehin seit langem. Dabei ist es durchaus bemerkenswert, dass fast ausschließlich muslimische Einwanderer der Meinung sind, eine eigene politische Interessenvertretung zu benötigen. In den Niederlanden sitzt nunmehr mit der DENK erstmals eine Islampartei im höchsten Parlament. Ihr Einzug stellt eine Zäsur dar, wenngleich sie mit drei Sitzen vorerst nicht viel bewegen kann. Im Vielparteiensystem unserer Nachbarn könnte sich dies allerdings rasch ändern, denn die enorme Zersplitterung macht es nötig, viele unterschiedliche Partner ins Boot zu holen, um zu regieren.

Die Niederlande könnten damit zum Vorreiter einer Entwicklung werden, die auch bei uns nicht mehr allzu fern scheint: Immer professioneller organisiert sich der politische Islam, und auch hierzulande dürfte sich eine Islampartei Hoffnungen machen, in absehbarer Zukunft in den Bundestag oder zumindest in manchen Landtag einzuziehen. Doch statt das Menetekel als solches zu erkennen, haben sich Deutschlands Redaktionen in die Partei türkischer Einwanderer verliebt. Mit dem geschickt gewählten Begriff "Migrantenpartei" suggerieren sie, DENK vertrete die Interessen von Einwanderern aller Herren Länder. In Wahrheit werden aber ausschließlich muslimische und insbesondere türkische Interessen vertreten.

In der aktuellen Nachrichtenlage macht es sich natürlich gar nicht gut, über den Parlamentseinzug einer türkischen Partei zu jubeln. Auch als Islampartei käme DENK in der Wahrnehmung des breiten Publikums wohl weniger gut weg. Ähnlich wie beim Integrationsbegriff muss deshalb eine Ersatzvokabel her, die von der Tatsache ablenken soll, dass es im Kern um den Islam geht. Genauso manipulativ ist der medial geschaffene Mythos, die Partei sei "wie aus dem Nichts" ins Parlament eingezogen. Denn "aus dem Nichts" kommt in den Niederlanden jeder noch so kleine Parlamentsneuling. Es gibt keine Prozenthürde, was auch neuen Parteien eine schnelle parlamentarische Mitsprache ermöglicht.

Statt medialer Jubelarien, scheint eher eine kritische Begleitung der DENK-Partei angebracht. Die beiden Gründer hatten nämlich zuvor die Partij van de Arbeid verlassen, weil diese sich dafür ausgesprochen hatte, extremistische türkische Organisationen wirkungsvoller zu überwachen. Und so hat sich DENK in erster Linie dem Ziel verschrieben, dem Islam Gehör zu verschaffen und die Türkei öffentlich gegen Kritik zu verteidigen. Da errichtet man auch gerne mal einen öffentlichen Pranger, wie etwa nach der Armenien-Resolution des niederländischen Parlaments. Von derlei zweifelhaften Methoden abgesehen, bleibt die Frage, ob es von wirklichem Integrationswillen zeugt, seine eigene muslimische Interessenvertretung in die Parlamente zu schicken.

Ganz schön belämmert
Das unwürdige Spiel der Gesinnungsdemokratie

Es ist eine altbewährte demokratische Tradition, dass das älteste Mitglied eines Parlaments die konstituierende Sitzung eröffnet und leitet, bis die Abgeordneten einen Parlamentspräsidenten gewählt haben. Nie stand dieses Kriterium zur Debatte, nicht einmal, als die umgetaufte SED nur wenige Jahre nach dem Ende der kommunistischen Terrorherrschaft in zwei aufeinanderfolgenden Wahlperioden den sogenannten Alterspräsidenten des Deutschen Bundestages stellte. Nun will Bundestagpräsident Norbert Lammert die Geschäftsordnung ändern lassen: Nicht mehr der älteste, sondern der am längsten im Bundestag sitzende Parlamentarier soll die erste Sitzung eröffnen.

Der Vorstoß geht zulasten der AfD, die gleich zwei aussichtsreiche Kandidaten stellt, deren Lebensalter sie für den Alterspräsidenten qualifiziert. Wenig kann Lammert ins Feld führen, um seine "Lex AfD" zu maskieren. Und je mehr er sich im Versuch übt, das Grundsätzliche seines Vorschlags zu betonen, umso deutlicher wird, dass es allein darum geht, den prominenten Auftritt eines AfD-Politikers zu verhindern. Der Demokratie erweist der 68-Jährige damit einen Bärendienst. Man kann durchaus der Auffassung sein, dass der vermutete nächste Alterspräsident denkbar ungeeignet ist. Große Freude dürfte es nicht machen, der Eröffnungsrede eines Wilhelm von Gottberg zu lauschen. Doch Demokraten müssen das aushalten.

Lammerts Vorstoß ist Wasser auf die Mühlen all derer, die der Berufspolitik Abschottungstendenzen und einen zweifelhaften Umgang mit der Meinungsfreiheit vorwerfen. Wer Stimmen zum Schweigen bringen will, die Unliebsames artikulieren – und sei es noch so unerträglich – zeigt nur, wie schlecht es um sein Demokratieverständnis bestellt ist. Tatsächlich kommt man bei den sogenannten etablierten Parteien inzwischen zu dem Schluss, dass sie am liebsten jedem die demokratische Teilhabe versagen möchten, der sich nicht dem Meinungskanon anschließt – jedenfalls dann, wenn es um Wortmeldungen vom rechten Rand geht. Bei Linksextremen ist man ungleich großzügiger. Und auch bei radikalen Islampredigern, wie bei der jüngsten "Friedenskundgebung" auf jenem Berliner Breitscheidplatz, auf dem ein als Asylsuchender getarnter Islamist zwölf Menschen ermordet hatte.

Natürlich ist es unschön, dass der designierte Alterspräsident ausgerechnet Wilhelm von Gottberg heißen könnte. Das frühere CDU-Mitglied hat sich in der Vergangenheit mit fragwürdigen Ansichten zum Holocaust zu Wort gemeldet. Es ist schwer zu ertragen, dass Menschen solcher Gesinnung bald im höchsten deutschen Parlament sitzen werden. Wer aber die Demokratie in jeder Sonntagsrede hochhält, wer dabei unterstreicht, dass es nach den Erfahrungen der zurückliegenden Jahrtausende keine gerechtere Staatsform gibt, der liegt damit nicht nur richtig, sondern muss auch dann dazu stehen, wenn ein von Gottberg seine demokratischen Rechte wahrnimmt.

Die FAZ lobt, Lammerts Initiative verhindere, dass "aus einem auf Würde zielenden Verfahren" ein "unwürdiges Schauspiel" werde. Manch einer mag reflexartig geneigt sein, sich dieser Sicht anzuschließen. Es stellt sich jedoch die Frage, wer Würde definiert und wie sie sich messen lässt. Zu Ende gedacht, enden wir in einer Gesinnungsdemokratie, in der nicht mehr feste Regeln und für alle gleich geltende Gesetze den Maßstab bilden, sondern die politische Überzeugung aktueller Amtsinhaber, die schon in wenigen Jahren wieder wechseln. Wer die Demokratie den Stimmungen der politischen Klasse unterwirft, trägt sie unweigerlich zu Grabe.

Es lässt sich nur darüber spekulieren, ob der Änderungswunsch tatsächlich von Lammert selbst stammt, der sich bisher dadurch verdient gemacht hat, dass er den Parlamentskollegen regelmäßig die Leviten gelesen und vor der Verselbständigung des Parteienapparats gewarnt hat. Käme der Alterspräsident des Bundestages künftig aus den Reihen der Parlamentarier mit der längsten Bundestagszugehörigkeit, wäre dies ein weiteres Signal der Entfremdung der Berufspolitik von den Wählern. Die selbstreferentielle Kaste, die schon heute nur noch ganz selten mit dem echten Leben in Berührung zu kommen scheint, würde dann auch bei der Parlamentseröffnung manifestieren, dass sie am liebsten unter sich bleibt. Der Souverän als Störenfried wäre an einer weiteren Stelle ausgeschaltet.

Der Kindergeld-Flop
Berlin macht die Rechnung ohne die Brüsseler Krake

Einmal mehr hat die Politik beim Steuerzahler Erwartungen geweckt, die sich nicht erfüllen lassen. Mit enormem Getöse hatte Sigmar Gabriel für seine SPD angekündigt, endlich dem Kindergeld für EU-Ausländer an den Kragen gehen zu wollen. Die europäische Freizügigkeit dürfe nicht länger dazu missbraucht werden, in die Sozialsysteme einzuwandern. Und selbst die Kanzlerin, die sich ja so ungern festlegt, hatte ihre Unterstützung signalisiert. Doch nun kommt alles ganz anders – wie so oft. Gabriel ist längst raus aus dem Rennen um die Kanzlerkandidatur seiner Partei. Er ist nicht einmal mehr ihr Vorsitzender. Bundeswirtschaftsminister ist er auch nicht mehr.

So bleibt beim Kindergeld alles, wie es ist. Entscheidend waren letztlich aber rechtliche Bedenken. Denn nach den einschlägigen Verordnungen hat jeder EU-Bürger in dem Land, in dem er sozialversichert ist, Anspruch auf sämtliche Sozialleistungen, die nach den jeweiligen nationalen Rechtsvorschriften dort vorgesehen sind. Das schließt das Kindergeld ein und gilt auch dann, wenn die Kinder des Transferempfängers gar nicht im selben Land wohnen. Und so zahlte der deutsche Staat bereits Ende 2016 für jedes der mehr als 185.000 im Ausland lebenden Kinder mindestens 192 Euro pro Monat. Das ist ein Anstieg gegenüber 2015 um fast 55%, der die Kindergeldzahlungen ins europäische Ausland auf 470 Millionen Euro treibt.

Immer wieder hatte die Bundesregierung bekräftigt, dem millionenschweren Geldsegen an die Kinder Europas ein baldiges Ende bereiten zu wollen. Ein Gesetzentwurf aus dem Bundesfinanzministerium sah vor, betroffenen Familien aus Ländern wie Polen, Kroatien, Rumänien oder Bulgarien das Kindergeld um 50 Prozent zu kürzen und damit an die Lebensverhältnisse im Heimatland anzupassen. Doch die Zurückweisung aus Brüssel und das Einknicken der SPD haben dem Projekt nun den Garaus gemacht. So dürften also auch weiterhin Tausende Armutseinwanderer insbesondere aus Bulgarien und Rumänien in schon bestehende Brennpunkte wie Duisburg strömen und "für ihre Kinder, die gar nicht in Deutschland leben, Kindergeld auf deutschem Niveau beziehen", wie Gabriel richtigerweise anmahnte.

Er verwies dabei auch auf Menschenhändler, die "EU-Bürger aus diesen Ländern im Wesentlichen hierherbringen, damit sie das Kindergeld abkassieren können". Die EU-Verordnungen begünstigen diesen Missstand, sorgen aber vor allem dafür, dass deutsche Steuerzahler abermals für die Umverteilungsideologie des Brüsseler Apparats geradestehen müssen. Dass es dabei nahezu um eine halbe Milliarde Euro pro Jahr geht, entlockt der zuständigen EU-Sozialkommissarin Marianne Thyssen allerdings nur die spöttische Bemerkung, sie werde ihre Prinzipien nicht für ein paar "Peanuts" opfern. Ein ausgesprochen vielsagendes Statement aus den Reihen der abgehobenen Brüsseler Politkaste.

Noch einmal sei an dieser Stelle darauf hingewiesen, dass das Kindergeld nicht nur für im Ausland lebende Kinder gezahlt wird, die niemals hier waren, sondern auch dann, wenn selbst die Eltern ihren Wohnsitz im Ausland haben, solange sie wenigstens als Saisonarbeiter ihrem Broterwerb in Deutschland nachgehen. Und der Anspruch erstreckt sich keinesfalls nur auf EU-Bürger: Denn neben der Schweiz gilt auch für Norwegen, Island, Liechtenstein, Algerien, Bosnien-Herzegowina, Kosovo, Serbien, Montenegro, Marokko, Tunesien und die Türkei der Kindergeldanspruch für hier lebende oder hier zeitweise arbeitende Eltern, wie auch für jene, die gar nicht arbeiten und Transferleistungen beziehen.

Last, but not least, begründet auch die Anerkennung als Asylbewerber oder Flüchtling einen Anspruch auf Kindergeld, unabhängig davon, wo die Kinder leben. Es ist bezeichnend, dass der öffentliche Aufschrei ausbleibt und sich auch aus den Reihen der Regierungskoalition nur ein müder Protest gegen die unfaire EU-Verordnung erhebt. Stattdessen brüstet sich die Bundesregierung damit, den Familien in Deutschland zu Beginn des Jahres eine Kindergelderhöhung von sage und schreibe 2 Euro monatlich zugebilligt zu haben, während sie 470 Millionen Euro pro Jahr an Personen auszahlt, die gerechterweise gar kein Kindergeld aus Deutschland bekommen sollten. Die von uns Bürgern gewählte Regierung versteckt sich hinter der eigenen Machtlosigkeit. Zu verdanken haben wir dies der von niemandem gewählten Europäischen Union.

"Inside Islam"
Der Moscheereport und die Angst vor der Wahrheit

Er ist der Musterknabe der Islamversteher. Kaum jemand wird so gerne präsentiert, wenn es darum geht, das deutsche Publikum von der Friedfertigkeit und Toleranz einer Religion zu überzeugen, über die so kontrovers diskutiert wird wie über kein anderes Thema. Constantin Schreiber hat alles, was linke Intellektuelle lieben. Eloquent, weltoffen und multikulturell, bereist der 37-Jährige seit zehn Jahren den Nahen Osten und Afrika, um über Missstände zu berichten. Vor allem im arabischen Raum bewegt sich der Niedersachse dabei mit schlafwandlerischer Sicherheit. Muttersprachler bescheinigen ihm ein astreines Arabisch, das er während seiner Jahre in Syrien erlernt und anschließend perfektioniert hat. In Ägypten hat Schreiber gar eine eigene Wissenschaftssendung.

Der smarte Kosmopolit hatte sich zunächst in einem Jura-Studium versucht, bevor er sich für den Journalismus entschied. Früh wurde auch die Politik auf ihn aufmerksam. Das Auswärtige Amt beteiligte sich vom Start weg an den Produktionskosten der ägyptischen Sendung, und auf den Nahostreisen der Bundesregierung ist Schreiber ein gern gesehener Gast. So verwundert es nicht, dass der Vorzeigejournalist längst im öffentlich-rechtlichen Rundfunk angekommen ist. In der ARD moderiert er Tagesschau und Nachtmagazin. Kurzum, Constantin Schreiber ist einer aus der Mitte des medial-politischen Zirkels.

Nun droht der Grimme-Preisträger in Ungnade zu fallen. Denn der Liebling der Linken hat den Finger tief in eine Wunde gelegt und damit eine von Politik und Medien zu gerne vermiedene Diskussion neu entfacht. Mehr als ein Dutzend Moscheen hat Schreiber mit einem Kamerateam in Deutschland besucht. Seine erschütternden Erlebnisse hat er jetzt in einem Buch veröffentlicht: "Inside Islam" erzählt davon, wie stark verbreitet islamistische Hetze in der Anonymität islamischer Gotteshäuser ist. Die Reaktionen ließen nicht lange auf sich warten. In den sozialen Medien blies dem Autor der wütende Shitstorm Tausender entgegen. Nimmt man nur die druckreifen Kommentare, so warfen sie Schreiber unwissenschaftliches Arbeiten, einseitige Berichterstattung und die Verunglimpfung des Islams vor.

Und auch die Kollegen konnten kaum ertragen, dass einer der Ihren es gewagt hatte, ihr Weltbild zu erschüttern. Allesversteher Markus Lanz bestellte Schreiber gar zur Inquisition ein und versuchte ihn vor laufender Kamera zum Widerruf der "Blasphemie" zu bewegen. Doch der Islam-Kenner dachte gar nicht daran: "Das ist meine Berufsehre. Ich kann es nicht beschönigen", ließ er Lanz souverän abblitzen. Er habe keine wissenschaftliche Studie erstellt, sondern einen Erlebnisbericht, der immerhin rund 15 Moscheen umfasse, in denen "gegen Juden, Armenier und Jesiden gehetzt" werde. "Ich habe nicht eine Predigt gehört, die ich ok fand", so Schreiber, der über jeden Verdacht erhaben ist, gegen den Islam zu hetzen.

Die Reaktion auf "Inside Islam" steht sinnbildlich für den wahrheitsverdrängenden Umgang der Medien mit einer Gefahr, die uns in zunehmendem Ausmaß bedroht. Statt dankbar dafür zu sein, dass jemand, der die Sprache perfekt spricht und den Islam von innen kennt, uns Einblick in Vorgänge gewährt, die jeden Staatsanwalt auf den Plan rufen müssen, wird der Überbringer der schlechten Nachricht attackiert, weil nicht sein soll, was nicht sein darf. Schon Jugendliche werden in mancher Moschee darauf eingeschworen, dass Christen und Juden nicht besser sind als Affen und Schweine. Sure 5, 60 des Koran lehrt es so. Es gilt grundsätzlich zu klären, wie man mit einer Religion umzugehen gedenkt, die es Radikalen so leicht macht, sich auf sie zu berufen.

Constantin Schreiber hat als glaubwürdiger Intimkenner der muslimischen Welt einen wichtigen Impuls gegeben. Politik und Medien sollten ihn aufgreifen. Spätere Generationen werden uns kaum verzeihen, dass wir zugesehen haben, wie die einsamen Rufer angefeindet wurden, statt den Warnungen der Islamsachverständigen nachzugehen. Sie heißen Broder, Karim, Abdel-Samad oder eben auch Schreiber. Hören wir ihnen zu, damit wir wenigstens die Auswüchse einer ohnehin schwer integrierbaren Religion bekämpfen können. Solange der Islam hierzulande Narrenfreiheit statt Religionsfreiheit genießt, werden islamistische Attentäter auch weiterhin Menschen abschlachten.

Das Bekennerschreiben
Der Tagesspiegel zwischen Wunsch und Wirklichkeit

Als Zeitungsleser kann man heute keinesfalls mehr davon ausgehen, dass man auf sauber recherchierte Meldungen stößt, die mehr sind als der Versuch eitler Volkserzieher, das eigene Weltbild zur Nachricht zu machen. Schlimm genug, dass in immer mehr Redaktionen die Unsitte Einzug gehalten hat, Meinungen und Überzeugungen an die Stelle der Berichterstattung zu setzen. Noch viel ärgerlicher ist allerdings, dass voneinander abgeschrieben wird, was das Zeug hält. In Windeseile verbreitet sich auf diese Weise selbst der größte Unsinn, weil es im schnelllebigen Online-Geschäft kaum noch Journalisten gibt, die prüfen, was sie da vom Kollegen abkupfern.

Wie beim "Stille-Post"-Spiel wandert eine Meldung von Redaktion zu Redaktion. Und am Ende kommt nicht selten etwas Verrücktes heraus. Am Karfreitag brachte der Tagesspiegel eine "Nachricht" in Umlauf, die rasch die Runde machte. Zum Bombenattentat von Dortmund vermeldete man stolz, ein "Bekennerschreiben" mit rechtsextremem Hintergrund sei bei der Redaktion eingegangen, in dem weitere Anschläge angekündigt würden. Das Schreiben "nehmen die Behörden jedenfalls ernst", so der Tagesspiegel trotzig, wohl wissend, auf welch dünnem Eis er sich mit der zum Attentatsgeständnis aufgeblasenen Email eines rechten Spinners bewegte. Gierig stürzten sich Deutschlands Leitmedien auf die Neuigkeit.

Diese hatte sich bis Samstagmittag mancherorts gar zum handfesten Beweis für einen rechtsextremen Hintergrund der Tat gemausert. Nun ist es durchaus möglich, dass der oder die Täter aus dem rechtsradikalen Milieu stammen. Ebenso könnten sie aber auch aus jedem anderen Umfeld kommen. Denn noch tappen die rund 100 Ermittler völlig im Dunkeln, was die Medienmeute aber nicht daran hindert, kräftig über ein rechtes Motiv zu spekulieren. Am Abend des Anschlags hatte man zunächst noch befürchten müssen, es könne sich um ein islamistisches Attentat gehandelt haben, bei dem Deutschland nur mit viel Glück einem weiteren Gemetzel entkommen sei. Dies hatte umgehend die Gesinnungsjournalisten auf den Plan gerufen.

Den Anfang machte Claus Kleber im "heute-journal", als er die gewaltige Sprengkraft der drei Bomben vehement bestritt und empört motzte, "nichts, aber auch gar nichts" deute auf einen Terroranschlag hin. Seine mit glühendem Feuereifer vorgetragene Bagatellisierung sollte dem Geschehenen die Bedeutung nehmen, falls sich ein islamistischer Hintergrund herausstellen würde. Als in den Folgetagen immer mehr Zweifel an der Echtheit der vor Ort gefundenen "IS-Notiz" laut wurden, war das zuvor verpönte T-Wort plötzlich gestattet. Und auch über das verheerende Zerstörungspotential der Bomben wurde nun ausführlich berichtet – voller Erleichterung darüber, dass sich offenbar zumindest auf die Schnelle kein verrückter IS-Scherge finden werde, der für das Attentat verantwortlich zeichnet.

Der Tagesspiegel ruderte am Samstagnachmittag derweil kleinlaut zurück. Das reißerische Aufblasen einer dümmlichen Leserzuschrift zum rechtsextremen Bekennerbrief war dann doch zu plump. Wenn irgendein Wirrkopf einer Zeitung eine Email schreibt, in der er sich unter Berufung auf einen Massenmörder des 20. Jahrhunderts über einen Anschlag freut, dann ist das eben nur für die Redaktion des Tagesspiegels ein Bekennerschreiben. Das BKA hatte den übereifrigen Nazi-Jägern jedenfalls mitgeteilt, dass man die Leserzuschrift für belanglos halte und auch die darin ausgesprochenen Drohungen keinesfalls ernst nehme. So bleibt bisher nur das am Tatort gefundene Bekennerschreiben vermeintlicher Islamisten.

Der vom Tagesspiegel aufgeblasene und von vielen anderen Medien mit noch mehr Luft gefüllte Ballon ist jedenfalls geplatzt. Vielleicht dürfen sich Deutschlands Redaktionen am Ende aber wirklich über einen rechtsextremen Täter freuen. Sie hätten dann ihr so sehr herbeigesehntes Nazi-Attentat. Angesichts des für sich selbst sprechenden IS-Terrors wäre es allerdings dumm, einen islamistischen Anschlag zu fingieren. Dies würde Linkspopulisten in die Karten spielen, die ein solches Ereignis genüsslich für die eigene Propaganda ausschlachten dürften. Eines ist in all der Unübersichtlichkeit aber schon heute klar: Sollte sich wider Erwarten herausstellen, dass es Islamisten gewesen sind, bekommen Deutschlands Psychiater von Politik und Medien neue Patienten zugewiesen.

Flüchtlings-Konzentrationslager
Papst Franziskus verspottet den Holocaust

Papst zu sein, ist angeblich das schönste Amt auf Erden. Und doch drängt sich zuweilen der Eindruck auf, dass Päpsten ihre Aufgabe in besonderer Weise zusetzt. Schon nicht mehr ganz frisch bei ihrem Antritt, schreitet unter der Last der göttlichen Verantwortung der Alterungsprozess rapide voran. Vier Jahre ist Jorge Mario Bergoglio nun als Papst Franziskus im Amt, und dem 80-Jährigen scheint auch der Verstand abhanden zu kommen. Anders ist kaum zu erklären, dass er sich am Wochenende dazu verstieg, die griechischen Auffanglager für Flüchtlinge mit den Konzentrationslagern der Nazis zu vergleichen.

Es ist durchaus gewollt, die Stellvertreter Gottes auf Erden erst im Spätherbst ihres Lebens zu berufen, weil die vielen anderen Kardinäle sich die baldige Aussicht erhalten wollen, selbst einmal Papst werden zu können. Daher war es geradezu ein Unfall des Konklave, dass mit Karol Józef Wojtyła 1978 ein Mann gekürt wurde, der erst 58 Jahre alt war. Folgerichtig markierte er mit mehr als 26 Jahren das zweitlängste Pontifikat der Geschichte. Davon ist Franziskus meilenweit entfernt. Und der Argentinier, der sich nicht nur als Kirchenreformer, sondern vor allem wegen seines Eintretens für den ökumenischen und interreligiösen Dialog weltweite Anerkennung erworben hat, dürfte es sich nun vor allem mit der jüdischen Gemeinschaft verdorben haben.

"Viele Flüchtlingslager sind Konzentrationslager – wegen der Menge an Menschen darin", klärte Franziskus die staunenden Zuhörer während einer Zeremonie zum Gedenken an moderne christliche Märtyrer auf. Seine These, die im Redemanuskript nicht vorgesehen war, untermauerte er mit der Feststellung, es gäbe "so viele volle Konzentrationslager, weil internationale Abkommen anscheinend wichtiger sind als Menschenrechte". Mal ganz abgesehen davon, dass dies eine sehr spezielle Sicht auf die Dinge ist, hält man es kaum für möglich, dass sich ein Papst zu einer derartigen Verharmlosung des Holocaust hinreißen lässt, in dessen Verlauf Millionen von Juden systematisch deportiert, gefoltert und ermordet wurden.

Wer nicht in der Lage ist, die Notbeherbergung der kaum zu bewältigenden Zuwanderungsströme von den Gräueltaten der Nazis zu unterscheiden, hat die Eignung für sein Amt verloren – egal, ob Papst oder Politiker. Er verkennt zudem, dass die Mehrzahl der an Europas Peripherie anlandenden Menschen sich zwar aus akuter Sorge um ihre wirtschaftliche und persönliche Zukunft, aber aus freien Stücken auf den Weg gemacht hat. Kein einziger Jude trat sein Martyrium in einem Nazi-Konzentrationslager freiwillig an. Und auch den unermüdlichen Einsatz Tausender ehrenamtlicher Helfer sowie die organisatorische Leistung der bis an ihre Grenzen geforderten Staaten tritt ein Papst mit Füßen, der suggeriert, Menschen in Flüchtlingslagern seien den Torturen internierter Todgeweihter ausgesetzt.

Wenn er dies denn hervorheben wollte, hat der Papst nur mit dem Hinweis recht, der "Flüchtlingsdeal" sei ein unwürdiges Konstrukt – vor allem aber deshalb, weil er von der Türkei missbraucht wird. Man kann nur hoffen, dass Franziskus seine geschichtsvergessene Aussage schnellstens zurücknimmt – oder aus Respekt vor mehr als sechs Millionen ermordeten Juden besser gleich abtritt. Es ist nämlich nicht der erste verbale Ausfall des Papstes. Nach dem Anschlag auf das Satire-Magazin "Charlie Hebdo" hatte er den Eindruck erweckt, er habe "ein gerüttelt Maß Verständnis für die vermeintlichen Motive der Mörder", wie Cicero-Redakteur Alexander Kissler treffend analysierte. Es verwundert daher nicht, dass auf die einseitige Parteinahme für den Islam nun die Bagatellisierung des Holocaust folgt.

Fast 15.000 Menschen warten allein auf den griechischen Inseln darauf, aufs europäische Festland weiterreisen zu können. Ginge es nach Franziskus, würde dies nicht nur umgehend ermöglicht, sondern auch von Europas Staaten finanziert – inklusive Familiennachzug. Dies hätte fatale Folgen: Die Ermutigung an viele weitere Millionen Muslime, sich auf den Weg zu machen, würde nicht nur den gesellschaftlichen Frieden und die sozialen Sicherungssysteme auf dem Kontinent gefährden, sondern auch den Einfluss der Katholischen Kirche in Europa weiter reduzieren. Dies sollte selbst dem altersschwachen Mann auf dem "Heiligen Stuhl" einleuchten.

Die Nebelkerze

Der Bundesinnenminister und die deutsche Leitkultur

Er darf ran, wenn es gilt, Wähler einzufangen. Und diese Rolle spielt Thomas de Maizière als treuer Diener seiner langjährigen Weggefährtin mit leidenschaftlicher Hingabe. Wenn Angela Merkel konservative Nebelkerzen werfen will, um enttäuschte Wähler doch noch zur Stimmabgabe für die CDU zu bewegen, hat der Bundesinnenminister seinen Auftritt. Diesmal umgarnt er das Wahlvolk mit dem Hinweis, Deutschland brauche ein Bekenntnis zur Leitkultur. Fast traut man seinen Ohren nicht. Doch de Maizière weiß nur zu gut, dass die Kanzlerin von seiner Leitkultur bald nichts mehr wird wissen wollen.

Vielleicht schon Mitte Mai, nach der Wahl in Nordrhein-Westfalen. Spätestens jedoch am 24. September, wenn Merkels Union die Grünen als Partner braucht. Und so ist der 10-Punkte-Katalog, den der Minister in der Bild am Sonntag präsentierte, nicht mehr als pures Entertainment. Das Publikum lässt sich gerne unterhalten am freien Tag, während es Beine und Seele baumeln lässt. Und mancher wird sich gar einlullen lassen von Merkels Adjutant, der die Wähler dort abholt, wo sie ihr Wochenende genießen. In gelöster Stimmung, fernab vom Alltag, neigt auch der durchschnittliche CDU-Sympathisant dann schon mal zur Leichtgläubigkeit. Die Marketingabteilungen der Parteien wissen das und können darauf setzen, dass ihr Taschenspielertrick verfängt – so wie fast immer.

Glücklicherweise emanzipieren sich immer mehr Bürger von der Politik. Sie sind aufgeklärter und aufmerksamer als noch vor einigen Jahren. Ohnehin ist das perfide Spiel diesmal allzu durchschaubar. Flankiert vom "Fußfessel"-Aktionismus und der Suche nach freiwilligen Abschiebehelfern will sich Merkels CDU im Wahlkampf als "Law-&-Order"-Partei positionieren, um der AfD Wähler abzujagen. Meinte die Union es ernst und wäre der Vorstoß des Ministers mehr als nur ein Wahlkampfmanöver, man könnte wieder Hoffnung schöpfen für unser Land. Dabei war es tatsächlich die CDU, die den Begriff der Leitkultur im Jahr 2000 in die öffentliche Debatte einführte.

Damals war er freilich noch mit Inhalten besetzt, die von tatsächlichen Konservativen wie Merz, Koch und Stoiber glaubwürdig vertreten wurden. Schrill und laut war allerdings seinerzeit der Aufschrei, und so hat sich die CDU nach und nach aus der Debatte zurückgezogen. Allenfalls darf die Leitkultur noch für die Lobpreisung des Ehrenamtes, für den Appell zur Toleranz und für das Bekenntnis zur Chancengleichheit herhalten. Schon nur mehr mit einem Augenzwinkern wird, wenn überhaupt, das Singen der Nationalhymne angeregt, um es im gleichen Atemzug zur Folklore herabzustufen. Und das Schwenken der eigenen Fahne ist gänzlich verpönt, wie wir spätestens seit dem Bundestagswahlabend 2013 wissen, als eine unangenehm berührte Kanzlerin ihrem damaligen Generalsekretär auf offener Bühne das mitgebrachte Deutschlandfähnchen aus der Hand riss.

Wenn nun de Maizière fordert, Bildung und Erziehung "als Wert und nicht allein als Instrument" zu verstehen, wendet er sich frontal gegen die linksgrüne Indoktrinierung in Kitas und Schulen. Wenn er aus dem Erbe der deutschen Geschichte "ein besonderes Verhältnis zum Existenzrecht Israels" ableitet, ohrfeigt er seinen tölpelhaften Ministerkollegen Gabriel. Wenn er feststellt, "wir sind nicht Burka", sagt er klipp und klar, dass dem Islam in unserer tief in der christlich-jüdischen Tradition verwurzelten Gesellschaft Grenzen zu setzen sind. All das ist so zutreffend und so selbstverständlich, dass man sich wundern muss, wie es so weit hat kommen können. Sind wir eigentlich noch zu retten?

Wohl nicht. Es steht zu befürchten, dass der Leitkultur-Impuls auch dann zu spät käme, wenn er ehrlich gemeint wäre. Viel zu tief ist das Gift linksgrüner Ideologien in den Nährboden unserer Gesellschaft eingesickert. Es hat das Grundwasser verunreinigt und den Acker verdorben, auf dem das zarte Pflänzchen der Demokratie zusehends verkümmert. Ihres linksgrünen Endsieges gewiss, halten sich Deutschlands Journalisten denn auch nicht lange mit Widerspruch auf. Und selbst de Maizières Bekenntnis zu "aufgeklärten Patrioten" nehmen sie scheinbar ungerührt zur Kenntnis. Sie wissen, dass sie Präsident, Kanzler und Minister sind – und die Lenkung des Staates längst an sich gerissen haben. Eine Leitkultur-Debatte muss daher bei der Rolle ideologisierter Journalisten beginnen. Hier liegt der Ursprung allen Übels..

Tag der Pressefreiheit
Ein Ranking und sein ideologischer Missbrauch

Seit 1994 wird der "Internationale Tag der Pressefreiheit" begangen. Jedes Jahr aufs Neue bietet er am 3. Mai Anlass, sich mit der wichtigen Frage zu beschäftigen, wie es um die freie Berichterstattung in unserer Welt bestellt ist. Hierzu veröffentlicht die in Frankreich ansässige Nichtregierungsorganisation "Reporter ohne Grenzen" alljährlich eine Rangliste, die 180 Länder umfasst. Wenig überraschend, zieren auch im Jahr 2016 China, Syrien, Turkmenistan, Nordkorea und Eritrea das Ende dieser Liste. Deutschland hält sich tapfer unter den Top 20 – gut genug, um gerade noch zur ersten Kategorie zu gehören. Skandinavien und die Benelux-Staaten, aber auch Costa Rica und Jamaika liegen deutlich davor.

Wesentlich schlechter als Deutschland schneiden hingegen Staaten ab, die man eher weiter vorne vermutet hätte, etwa Großbritannien, die USA und Frankreich. In diesen Ländern traut sich der Journalismus eine Menge und genießt große Freiheiten. Allerdings sind dort auch konservative politische Strömungen erstarkt, die der übergroßen Mehrheit der Journalisten ein Dorn im Auge sind. Hier liegt das Problem: Denn neben Einschränkungen der Medienvielfalt, der Unabhängigkeit oder der Recherchefreiheit wirken sich insbesondere persönliche Befindlichkeiten auf das Ranking aus. Und natürlich auch "Übergriffe" auf Reporter, wozu bereits belanglose Pöbeleien zählen.

Für Deutschland reicht daher das Unbehagen, das Berichterstatter bei rechtspopulistischen Demonstrationen empfinden, um sich auf Platz 16 wiederzufinden – immerhin vor einigen Staaten, in denen gerne schon mal politischer Druck ausgeübt wird. Dabei obliegt es der Wahrnehmung des jeweils betroffenen, Journalisten, wie die Rückmeldung an "Reporter ohne Grenzen" ausfällt. Ein objektives Ranking ist damit nahezu ausgeschlossen, liegt es doch auf der Hand, dass jemand, der sich mit dem Ziel einer kritischen Berichterstattung auf eine Kundgebung Rechter begibt, schon die geringste Unfreundlichkeit als Beleg für seine Überzeugung wertet, hier seien gefährliche Radikale am Werk. Umgekehrt dürften bei Mai-Krawallen der Antifa umherfliegende Molotow-Cocktails und Wackersteine eher selten als Bedrohung empfunden werden.

Die von Menschenrechtsaktivisten und zahlreichen weiteren NGOs mitbestimmte Rangliste hat daher den faden Beigeschmack der selbstreferentiellen Filterblase. Und so entwerfen die Medienschaffenden mit links-grüner Affinität bestenfalls am oberen und unteren Ende der Rangliste ein korrektes Bild. Wie bestellt wartete übrigens der Deutschlandfunk mit einer Falschmeldung über das Pressefreiheits-Ranking auf: Die USA seien in der Weltrangliste abgerutscht, informierte man die Radiohörer. Grund sei Donald Trump und "sein systematisches Verunglimpfen kritischer Medien". Noch hinter Burkina Faso rangiere die einst so "starke Stimme für die Freiheit der Presse" auf Platz 43.

Die Meldung offenbart Propagandaqualitäten. Schon von schlampiger Recherche zu sprechen, wäre beschönigend. Hier werden wider besseres Wissen Unwahrheiten verbreitet, um Hass auf den US-Präsidenten zu schüren und eigene ideologische Botschaften zur Nachricht zu machen. Zwar haben die USA im aktuellen Ranking wegen Veränderungen in den Nachkommastellen tatsächlich mit Burkina Faso die Plätze getauscht, um ein "Abrutschen" handelt es sich dabei aber sicher nicht. Im Verlauf zweier Jahre haben sich die USA sogar von Platz 49 verbessert. Vor allem aber stammt die Datenbasis für die Erhebung aus der Zeit, in der noch Barack Obama amtierte. Donald Trump trat sein Amt bekanntlich erst im Januar 2017 an.

Offenbar legt der DLF den Begriff der Pressefreiheit für sich selbst sehr großzügig aus: Berichtet wird, was sich die Redaktion als Wahrheit wünscht – ganz gleich, was davon stimmt. Da kann man sich nur mit der Gewissheit trösten, dass die Reichweite des Programms unterhalb der Wahrnehmungsschwelle liegt. Und dennoch steht das Beispiel sinnbildlich für den Zustand der deutschen Medien. Zwar können wir uns rühmen, zu den Ländern mit größtmöglicher Pressefreiheit zu gehören, doch was nutzt dies, wenn zahlreiche Berichterstatter von ihr keinen Gebrauch machen wollen oder sie gar missbrauchen? Pressefreiheit ist ein hohes Gut, das jeden Tag neu verteidigt werden muss – auch gegen die scheinbar übermächtige Front von Journalisten, die sich auf einem Kreuzzug gegen Andersdenkende befinden.

Auf ideologischer Mission
Aktivisten und ihre gefährliche Selbstverwirklichung

Politische Aktivisten bilden die Schattenregierungen unserer Zeit. Es handelt sich dabei in aller Regel um private Organisationen, die freilich nicht selten mit öffentlichen Geldern ausgestattet werden. Ihr Treiben sollte man genau verfolgen. Denn nicht immer sind die selbsterklärten Guten auch gut für die Gesellschaft. Allzu oft definieren nämlich allein die Aktivisten, was "gut" ist, und verlieren dabei aus dem Blick, dass ihr enger ideologischer Fokus mehr Schaden als Nutzen stiftet. Dennoch dürfen sie sich auf die Rückendeckung der Bevölkerung verlassen, die in der Regel weder Motive noch Methoden hinterfragt.

Wer im Gewand des Guten auftritt, hat leichtes Spiel bei einer Öffentlichkeit, die sich nur zu gerne einlullen lässt von Schlagworten wie "Klimarettung", "Humanitäre Hilfe" oder "Kampf gegen Rechts". Der Klang dieser Vokabeln sorgt bei vielen Menschen dafür, dass eine der beiden Gehirnhälften ihre Tätigkeit einstellt. So dürfte auch die aktuelle Kontroverse um die Nichtregierungsorganisation "Sea Watch" beim breiten Publikum einen Verteidigungsreflex auslösen. Da hatte ein Schiff der libyschen Küstenwache doch tatsächlich fast den Kutter der Seenotretter gerammt. Wer nicht mehr wissen will, kommt zu dem irrigen Schluss, dass ein Bürgerkriegsland, vor dem die Menschen flüchten, nun auch Jagd auf ehrenamtliche Helfer macht, die Flüchtlinge retten.

Doch ganz so einfach ist die Sache nicht. Offen gesagt, stellt sie sich bei genauerer Betrachtung gänzlich anders dar. In diesem Drama sind die Rollen der "Guten" und der "Bösen" vertauscht. Denn was "Sea Watch" vor der Küste Nordafrikas treibt, ist im Grunde nichts anderes als die Unterstützung von Schlepperbanden, die mit auswanderungswilligen nordafrikanischen Männern ein Vermögen verdienen. Der Vorwurf begleitet die Aktivisten von "Sea Watch" schon länger. Die italienische Staatsanwaltschaft vermutet gar eine aktive Zusammenarbeit mit den Schleppern. Das Aufsammeln zehntausender "Flüchtlinge" in Afrikas Gewässern mit Verschiffung nach Europa ist jedenfalls eine zehntausendfache Werbekampagne für das Geschäftsmodell skrupelloser Menschenhändler.

Ohnehin darf man den Punkt nicht übersehen, dass sich die allermeisten "Geretteten" aus wirtschaftlichen Gründen in Seenot gebracht haben. Denn was 2015 noch zaghaft formuliert und mit der "Nazikeule" erschlagen wurde, ist inzwischen längst Alltagswissen: Unter den Millionen von Migranten, die Europa erreichen, befinden sich nur wenige echte Flüchtlinge. Die überwiegende Zahl der Zuwanderer – das traut sich heute auch die Bundesregierung zu sagen – hat ihre Länder verlassen, um irgendwie an Geld zu kommen, das sie den zurückgelassenen Familien in der Heimat schicken kann. In Deutschland funktioniert das Geldeinsammeln aufgrund großzügig gehandhabter Asylgesetze und umfangreich ausgestalteter Sicherungssysteme besonders gut.

"Sea Watch" stört sich daran nicht. Angetrieben von der Utopie einer grenzenlosen Welt, in der alle alles überall dürfen, hält man sich nicht mit der Frage auf, wie etwa ein Sozialstaat finanziert werden soll, der die Empfänger seiner Wohltaten nicht mehr eingrenzen kann. Der deutsche "Sea Watch"-Sprecher Ruben Neugebauer bildet da keine Ausnahme. In Interviews offenbart er, dass er gar nicht daran denkt, auf eigenen Füßen zu stehen. Stattdessen hat der Erz-Grüne sich in jungen Jahren entschieden, sein Leben seinen Idealen zu widmen und sein Hobby "Aktivist" zu seinem Beruf zu machen. Aktuell studiert er ein wenig. Und danach?

Wer in Deutschland lebt, muss sich darum keine Sorgen machen – das Geld fließt immer irgendwoher. Noch gibt es genug fleißige Menschen, von denen man leben kann. Und so widmet man sich munter der eigenen Ideologie, die von anderen bezahlt wird. Die libysche Küstenwache sammelt die "Flüchtlinge" übrigens vor der eigenen Küste ein und bringt sie sicher zurück ans Festland. Sie leistet damit einen wichtigen Beitrag dazu, den Schleppern das Geschäft zu zerstören und sorgt außerdem dafür, dass arbeitsfähige junge Männer dem eigenen Land in einer schwierigen Phase des Neuaufbaus erhalten bleiben, um die Dinge irgendwann zum Besseren zu wenden. Das ist tatsächlich humanitäre Hilfe – nicht die Selbstverwirklichung irgendwelcher Aktivisten, die sich im deutschen Fürsorgestaat gemütlich eingerichtet haben!

Tichys Irrtum
Ein Trugschluss versetzt das Netz in Aufruhr

Am Ende wird es wohl nicht zu verhindern sein, das Gesetzesmonster, dessen Name bereits alles verrät: Sie wollen es eben, das Netzwerkdurchsetzungsgesetz. Deutschlands Berufspolitikern und ihren medialen Gehilfen kann es nicht schnell genug gehen, wenn es heißt, die sozialen Netzwerke von Hass und Hetze zu befreien. Denn natürlich meinen sie damit nicht die Hasskommentare linker Extremisten, in denen reihenweise übelste Beleidigungen ausgesprochen oder offen zur Gewalt gegen Andersdenkende aufgerufen wird. Und sie meinen erst recht nicht die Hetzparolen islamistischer Irrer, die zur hemmungslosen Jagd auf Ungläubige anstacheln.

Facebook, Twitter & Co. sollen mit dem vom Bundesjustizminister eilig zusammengeschusterten Gesetz vielmehr von "rechter Hetze" gesäubert werden. Und da fängt das Problem an. Denn, was genau dies ist, wird am Ende regelmäßig nur die Justiz klären können. Jetzt hat sich der Bundestag mit dem Maas´schen Monster befasst, zu dem die Unions-Fraktion am Vortag der Beratungen ihre Bedenken in einer Pressemitteilung formuliert hatte. Zwar sei man grundsätzlich für eine Kontrolle, doch müsse das Gesetz "substantiell verbessert werden", teilte man mit. Nur besonders kühne und arg realitätsfremde Beobachter hatten daraus geschlossen, CDU und CSU würden Maas samt seines 30-seitigen Papiers zum Teufel jagen.

Genau diesen Eindruck versuchte aber mancher Blogger zu erwecken. Als in der Bundestagsdebatte deutlich wurde, dass es keine Abstimmung geben werde, die das Gesetz auf der Stelle kippen könnte, verkündeten die ersten Kommentatoren, Maas habe sich durchgesetzt. Frust und Empörung machten sich breit. Auf die Spitze trieb es das Magazin "Tichys Einblick", das sich ereiferte, die CDU sei "umgefallen" und habe das Gesetz "durchgewunken". Sofort reagierte die Netzgemeinde. Die in die Welt gesetzte Mär verbreitete sich wie ein Lauffeuer. Der Abgesang auf Demokratie und Meinungsfreiheit steigerte sich zum hysterischen Chor – obwohl an jenem Tag die Demokratie eine Sternstunde erlebt hatte.

Denn tatsächlich hatte das Parlament verhindert, dass der ideologische Eifer eines Justizministers das Grundgesetz hatte aushebeln können. Der erfolgte Verweis in den zuständigen Fachausschuss ist das Zweitschlechteste, was einem Antragssteller nach der sofortigen Ablehnung passieren kann. Und mit dem Weg der Nachbesserung über die Bundestagsausschüsse ist auch der Zeitplan und damit das Vorhaben als Ganzes infrage gestellt. Wer da vom "Umfallen" und "Durchwinken" spricht, verbreitet schlichtweg Unwahrheiten. Es bleibt offen, ob der Autor dies in völliger Unkenntnis der parlamentarischen Abläufe und Geschäftsordnungsverfahren getan hat, oder ob er bewusst Stimmung machen wollte. Beides ist der Glaubwürdigkeit und Seriosität eines politischen Magazins ausgesprochen abträglich.

Ich bin ein wirklicher Fan von Roland Tichy und seinem Online-Magazin. Der fehlerhafte Schnellschuss ist aber alles andere als ein Ruhmesblatt. Es ist im Kampf für den Erhalt der Meinungsfreiheit nicht hilfreich, wenn ein seriöser Journalist seine reichweitenstarke Plattform dafür hergibt, dass Leser mit Falschdarstellungen aufgewiegelt werden. Immerhin hat sich die Redaktion meine Einwände offenbar zu Herzen genommen und den Artikel inzwischen an den entscheidenden Stellen abgeändert. Auf die weiterhin irreführende Headline "Gestern sagte die Union stop, heute go" wollte man dann aber doch nicht verzichten. Es bleibt abzuwarten, ob und wie das Gesetz vor der Sommerpause den Weg zurück ins Parlament findet. Maas hat es eilig, denn er weiß, dass er nur noch bis zum Herbst im Amt sein wird.

Derweil bemühen sich die medialen Steigbügelhalter der Orwellschen Gesetzesinitiative, die krachende Niederlage des Bundesjustizministers in einen Sieg umzudeuten. Die Rheinische Post jubelt etwa: "Maas bringt Gesetz gegen Hasskommentare auf den Weg", wohl in der Hoffnung, der Leser möge gar nicht erst bis zu jener Textstelle vordringen, an der man mit Blick auf die nun anstehenden Ausschussberatungen kleinlaut zugibt, es zeichne sich ab, "dass der Entwurf bei derartigen Anhörungen durchfallen wird". Es hätte "Tichys Einblick" gut zu Gesicht gestanden, diesen Punkt zu thematisieren, statt marktschreierisch falsche Fährten zu legen und für Verunsicherung zu sorgen.

Amazing or obsolete?
Trump und seine journalistischen Stammtischgegner

Nach Wochen, in denen Deutschlands Medienschaffende wegen Erfolglosigkeit die Lust verloren zu haben schienen, standen die vergangenen Tage wieder ganz im Zeichen des allseits beliebten Trump-Bashings. Glaubt man einer aktuellen Harvard-Studie, ist Deutschland in dieser Disziplin ohnehin Weltmeister. Jedenfalls führt die ARD das internationale Ranking der Negativ-Berichterstattung über den US-Präsidenten an. Zwar haben findige Journalisten bemerkt, dass der behauptete Anteil von 98% kritischer Berichte viel zu hoch ist, doch ändert dies nichts an der Tatsache, dass Politik und Medien gerade hierzulande großen Spaß daran haben, Trump in die Pfanne zu hauen.

Und während sich die Journaille ob des Rechercheerfolges tagelang in den Armen lag, hatte ihr der investigative Eifer nur eine Woche zuvor gefehlt. Da hatte eine SPD-Beschäftigte mit dem schmuckvollen Titel der "Beauftragten der Bundesregierung für die neuen Bundesländer" eine knapp 130.000 Euro teure "Fake"-Studie vorgestellt. "Unwissenschaftlich" ist noch das freundlichste Attribut, das dem Pamphlet anhaftet, in dem Quellen frei erfunden wurden, um linke Parolen mit persönlichen Statements zu untermauern. Der Versuch, dem Osten eine innige Liebe zum Nationalsozialismus anzudichten, wurde demonstrativ beiläufig aufgedeckt, nachdem die ursprüngliche Veröffentlichung geradezu euphorisch gefeiert worden war.

Doch zurück zu Trump, der zuletzt eine gute Figur auf seiner schwierigen Nahost-Mission machte, mal abgesehen vom traditionellen Kuschelkurs mit Saudi-Arabien, an dem sich auch die Bundesregierung mit Hingabe beteiligt. Gerade in Israel präsentierte sich Trump souverän. Auch sein vielbeachteter Auftritt beim Papst mit Ehefrau und Tochter geriet ausgesprochen würdevoll. Die Rheinische Post bescheinigte dem ersten Teil seiner Reise einen "Erfolg" und bilanzierte: "Keine Ausfälle des Präsidenten. Trump als Staatsmann", um sich anschließend wieder dem Lieblingssport der Verächtlichmachung zu widmen, ohne etwas Substantielles vortragen zu können.

Wäre nicht Donald Trump unterwegs gewesen, sondern sein Vorgänger Obama – die Titelseiten wären voll des Lobes und die Klatschspalten voller bunter Bilder. Doch Trump ist Trump – da greift man gerne zu "Fake News". Und weil man gegenüber dem nicht ausreichend kundigen Publikum im Vorteil ist, genügt bereits die geschickte Wahl der unpassendsten Übersetzung, um zu suggerieren, der amerikanische Präsident habe sich einmal mehr im Ton vergriffen. Bisher war das englische "obsolete" die Lieblingsvokabel der Redaktionen. So hatte Trump die NATO bezeichnet. Wer mit der Sprache vertraut ist, kann dies nur als Hinweis auf die Reformbedürftigkeit verstehen. Wer aber dem obersten Befehlshaber der amerikanischen Streitkräfte gerne in den Mund legen möchte, er wolle die NATO abschaffen, übersetzt "obsolete" so trickreich wie falsch mit dem deutschen "obsolet".

Ähnlich perfide gingen Deutschlands Journalisten nach Donald Trumps Besuch in Yad Vashem vor, den dieser als "amazing" bezeichnet hatte. Jeder kundige Übersetzer würde von einer "beeindruckenden Erfahrung" sprechen, abgeleitet vom amerikanischen "amazing experience". In ihrer Jagd auf Trump erwecken die Journalisten aber viel lieber den Eindruck, der US-Präsident habe die Gedenkstätte quasi als Disney-verdächtiges Spektakel empfunden. Deutschlands Medien befriedigen sich an kindischen Übersetzungsspielchen, weil Trump in Nahost keine Fehler machte. Und auch der "Kleiderskandal", den man den Trump-Frauen andichten wollte, war eine journalistische Peinlichkeit.

Präsentierten sich Gattin und Tochter in Saudi-Arabien locker und unverschleiert, so traten sie beim Papst züchtig gekleidet und ganz in schwarz auf. Allen, die hierin eine Doppelmoral zu erkennen glauben, sei ins Stammbuch geschrieben, dass es einen Unterschied macht, ob man einem Kirchenoberhaupt durch die Wahl der Kleidung seinen Respekt erweist, oder mit Regierungs- und Wirtschaftsvertretern eines Landes zusammentrifft, denen man keinerlei Kleiderordnung schuldet. Es wäre sehr wünschenswert, wenn sich die Journalisten irgendwann auch in Deutschland wieder ihrem Kerngeschäft zuwenden würden, statt sich in ungelenken Übersetzungen oder in Bekleidungstipps für die First Lady zu versuchen. An Politikfeldern, die man kritisch begleiten könnte, mangelt es jedenfalls hierzulande nicht.

Merkels Apokalypse
Scheitert Paris, dann scheitert die Schöpfung

Wer gedacht hatte, dicker als beim Euro könne man nicht mehr auftragen, musste sich dieser Tage eines Besseren belehren lassen. Damals hatte uns Angela Merkel auf das nahende Ende Europas vorbereitet, sollten wir uns nicht mit ihr auf den alternativlosen Pfad der bedingungslosen "Rettung" der Gemeinschaftswährung begeben. Mancher hatte Zweifel angesichts der befremdlichen Leidenschaft der sonst so kühl und berechnend agierenden Kanzlerin. Da aber die Deutschen ihre Obrigkeiten nicht gerne hinterfragen, folgten sie ihr auf dem ebenso teuren wie unheilvollen Weg. Nun hat Merkel noch einen draufgelegt.

Ging es seinerzeit nur um den Untergang Europas, steht jetzt das Schicksal der Menschheit auf dem Spiel. "Wir brauchen das Pariser Abkommen, um unsere Schöpfung zu bewahren", diktierte Merkel den gierig an ihren Lippen hängenden Journalisten in die Notizblöcke. Dabei war nicht mehr passiert, als dass die Vereinigten Staaten erklärt hatten, sich aus der globalen Klimaschutzvereinbarung auszuklinken. Die Abkehr von einer wohlfeilen Absichtserklärung, die das Papier nicht wert ist, auf dem sie gedruckt wurde, hat Schockwellen durch Europa gesandt. Geht es nach der Bundeskanzlerin, werden beim Scheitern des Pariser Abkommens nicht nur wir von diesem Planeten verschwinden – es wird nach uns auch nichts mehr geben. Mehr Drama geht nicht.

Jetzt erst recht, lautete einmal mehr das Motto, wie schon beim Euro-Desaster, dem Brexit-Votum und der Trump-Wahl. Und wieder verkündete die "politische Elite" unisono, nichts werde sie aufhalten, was einigermaßen bedrohlich und keinesfalls beruhigend klingt. Hysterischer hätte der Aufschrei über die Abkehr der USA denn auch kaum ausfallen können. An die Stelle eines echten Umweltschutzes ist eine Klimareligion getreten, die von ihren Jüngern mit der Erbarmungslosigkeit von Kreuzrittern verbreitet wird. Zu viele Wichtigtuer dürfen sich in demokratisch nicht legitimierten Gremien als Schattenregierung aufspielen, zu viel Geld fließt aus dem großen Steuerzahlertopf in die Kassen aller möglichen Nichtregierungsorganisationen.

Und das politische Führungspersonal möchte nicht riskieren, dass zwei Jahrzehnte Indoktrinierung und Umerziehung umsonst gewesen sind. Ganz zu schweigen von den mächtigen Auftraggebern der neu gegründeten Industriezweige, die ihre politischen Helfer mit erheblicher Spendenunterstützung und massivem medialen Beistand in die Ämter gehievt haben. Wer den Solar- und Windfürsten den Geldhahn zudreht, muss mehr fürchten als nur den Verlust der Macht. Donald Trumps Schritt ist daher mutig. Und er ist konsequent, zeigt sich doch immer wieder, dass handlungsfähige Nationalstaaten schneller zu besseren Lösungen gelangen als supranationale Bündnisse, die bestenfalls lose Verabredungen hinbekommen, in denen man sich auf den kleinsten gemeinsamen Nenner einigt.

Trump steht für viele Beobachter nun in einer Reihe mit den Leugnern des Holocaust. Weniger Aufgeregtheit und eine kritischere Auseinandersetzung mit den Profiteuren einer außer Kontrolle geratenen Ideologie wäre allerdings sachdienlicher. Und ebenso das Eingeständnis, dass die bisherigen Klimaschutzabkommen nicht viel mehr sind als Augenwischerei. Sie sind zudem ein Konjunkturprogramm für die Umweltverschmutzer. Jene nichteuropäischen Staaten, die das Abkommen verteidigen, tun dies in erster Linie, weil sie sich wirtschaftliche Vorteile versprechen – ohne wirklich viel zur Verbesserung beitragen zu müssen. Seien es die Entwicklungsländer, in die viel Geld fließt, ohne dem Umweltschutz zugutezukommen, oder China und Indien, die ihre Energiegewinnung auch weiterhin überwiegend aus Kohle bestreiten können.

Jenseits aller Ideologie ist der Streit um das Pariser Klimaschutzabkommen aber vor allem die Fortsetzung eines immer heftiger wütenden Machtkampfs. Die alteingesessene Führungskaste, die immer mehr Politikfelder dem parlamentarischen Entscheidungsprozess und der demokratischen Mitsprache entzieht, trifft auf eine wachsende gesellschaftliche Bewegung, die dies nicht mehr hinnehmen will. Es ist ein Spiel mit der Angst, mit dem Merkel & Co. ihre vermeintliche "Klimarettung" betreiben. Und Amerika spielt aus gutem Grund nicht mehr mit. Denn düstere Dogmen, die von Konferenzen zur Regierungspolitik erklärt werden, haben mit Demokratie etwa so viel zu tun, wie der Mensch mit dem Klimawandel.

Marx statt May
Das kapitale Eigentor der britischen Wähler

Es hatte sich angekündigt. Von Woche zu Woche war der Vorsprung geringer geworden. Gestartet mit einem meilenweiten Abstand zur Labour Party, kamen Großbritanniens Konservative am Ende gerade noch so als Erste ins Ziel. Dem britischen Wahlrecht haben sie es zu verdanken, dass sie dennoch deutlich stärkste Kraft im Unterhaus bleiben. Wie aber ein künftiges Regieren aussehen soll, weiß derzeit niemand. Theresa May ist "all-in" gegangen, wie die Pokerspieler sagen. Sie hat die zum Regieren ausreichende Mehrheit aufs Spiel gesetzt, weil ihr Meinungsumfragen suggeriert hatten, es sei mit Leichtigkeit viel mehr drin.

Rund 100 Sitze stärker als der ärgste Rivale war ihre Partei im britischen Parlament. Geblieben ist davon gerade etwas mehr als die Hälfte. Und die absolute Mehrheit ist dahin. May steht vor dem Scherbenhaufen ihres Hochmuts. Schon bald wird sich zeigen, ob die ultrakonservative DUP als Partner taugt, vor allem aber, ob May ihrer Partei noch taugt. Wohl nur die Tatsache hält sie im Amt, dass die "Tories" sich die Peinlichkeit ersparen wollen, ihre Führung zum zweiten Mal innerhalb von nur zwölf Monaten auszuwechseln. Europas Presse konnte sich die Schadenfreude kaum verkneifen. Und auch die ohnehin nicht zimperlichen britischen Medien sezierten den Reinfall der Premierministerin mit Genuss.

Dabei ist Häme unangebracht. Zu viel hat Großbritannien an diesem denkwürdigen Wahltag verloren. Und auch die Europäische Union steht vor einer ungewisseren Zukunft denn je. Deutschlands Meinungsmacher hielt dies nicht davon ab, den Wahlausgang in Großbritannien zu feiern. Schon die erste Nachwahlbefragung hatte ihnen gereicht, um festzustellen, dass die Briten den "Brexit" abgewählt hätten. Lange bevor das Ergebnis feststand und Wahlanalysen möglich waren, hatten die Redaktionen ihre ganz eigenen Schlüsse gezogen. Bei genauer Betrachtung waren jedoch innenpolitische Themen für den Wahlausgang verantwortlich. Mit seinem radikalen Umverteilungsprogramm hatte Jeremy Corbyn viel Freibier versprochen.

Die Schröpfung Besserverdienender, die Bestrafung gut bezahlender Unternehmen, krude Verstaatlichungsphantasien und die Abschaffung der Studiengebühren hatten es seinen Wählern angetan. Gerade Letzteres führte dazu, dass die Labour Party viele junge Briten an die Urnen locken konnte. May hingegen hatte angesichts des hochdefizitären Staatshaushalts schmerzhafte Einschnitte für alle Bevölkerungsgruppen angekündigt. Ein Gegner des "Brexit" war übrigens auch Corbyn nie. Hätten Großbritanniens Wähler ihre 2016 getroffene Entscheidung wirklich revidieren wollen, wären sie in Scharen zu den Liberalen Demokraten übergelaufen, die mit glänzenden Augen für eine tiefe EU-Verankerung geworben hatten. So sehr sich die hiesigen Kommentatoren also bemühten, die Mär zu verbreiten: Eine "Brexit"-Abwahl war dies nicht.

Vielmehr haben die Bürger eines EU-Landes ein weiteres Mal gegen das politische Establishment gestimmt. Mays persönliche Niederlage ist also weder ein Votum gegen den "Brexit", noch ein Sieg Corbyns, sondern ein neuer Beleg für die sich vergrößernde Kluft zwischen Regierenden und Volk. Es ist erschreckend, dass sich ein Teil der Bundesregierung darüber freuen kann. Nun wird es wohl einen "weichen Brexit" geben. Großbritannien wird die Bedingungen seines Austritts nicht mehr diktieren können. Am Ende wird ein Unterwerfen unter die Brüsseler Regularien stehen, ohne mitreden zu dürfen. Damit haben Großbritanniens Bürger eine fatale Wahl getroffen.

In ihrer Sehnsucht nach dem britischen Sozialismus der 1970er Jahre, der das Land fast ruiniert hatte, haben sie rückwärtsgewandte Kräfte gestärkt. Denn Corbyns Programm hätte auch aus der Feder der Politbüros zusammengebrochener kommunistischer Staaten stammen können. Dass die Labour Party damit bestehen konnte, macht deutlich, wie sehr der Arbeiterschicht das wirtschaftliche Verständnis fehlt – und Heranwachsenden Erfahrung und historische Kenntnisse. Es gehört zu den Wahrheiten der Parlamentswahl, dass diesmal die "jungen Wilden" ausschlaggebend waren. Nach dem "Brexit"-Votum war das Geschrei groß, die ältere Generation habe auf Kosten der Jüngeren abgestimmt. Wer jedoch damals über den "Sieg der Alten" geklagt hatte, sollte ehrlicherweise zugeben, dass die marxistischen Phantastereien der Jungen nun die Zukunft eines ganzen Landes aufs Spiel gesetzt haben.

Nicht mit uns
Kein DITIB-Marschbefehl für die Anti-Terror-Demo

Es hätte der große Befreiungsschlag werden sollen. Satte zehntausend muslimische Teilnehmer hatten die Organisatoren angekündigt. Ein starkes Zeichen wollten sie setzen, um ein für alle Mal die tief sitzenden Zweifel daran zu beseitigen, dass sich Muslime tatsächlich ohne Wenn und Aber gegen den Terror ihrer Glaubensbrüder stellen. Voller Ungeduld hatten Politik und Medien der Steilvorlage für ihre nächste Kampagne entgegengefiebert: Eine Welle der Abgrenzung gegen den Islamismus, direkt aus der muslimischen Mitte – was könnte schöner sein? Erwartungsfroh hatten die Redaktionen ihre Texte vorformuliert, in den öffentlich-rechtlichen Sendern freute man sich auf tolle Bilder für die bunten Nachrichtenmagazine.

Am Ende stand eine der größten PR-Pleiten der jüngeren Geschichte. Nicht mal tausend Besucher verloren sich am Samstag auf der Kundgebung in Köln, einer der muslimischen Hochburgen Deutschlands. Zieht man die vielen nicht-muslimische Sympathisanten ab, verbleibt ein kläglicher Rest weniger Hundert Muslime. So verpuffte die groß angekündigte Anti-Terror-Demo als Ausflug einiger Aktivisten. Ein Erdoğan-Aufruf hätte Zehntausende angelockt. Schlechtes Wetter konnte man nicht als Ausrede bemühen, da musste schon der Ramadan herhalten. Auf diesen verwies zumindest Deutschlands einflussreichster Islamverband DITIB – und blieb der Veranstaltung fern.

Dass vielen Muslimen die Bereitschaft fehlt, sich öffentlich gegen den Islamismus zu stellen, dürfte in den seltensten Fällen in einer Solidarisierung mit den Terroristen begründet sein, auch wenn es tatsächlich Idioten gibt, die sich unverhohlen freuen, wenn ein Massenmörder im Namen des Islam Menschenleben auslöscht. In der überwiegenden Zahl scheint jedoch die Furcht vor dem Eingeständnis eine Rolle zu spielen, dass der heutige Islamismus vielleicht doch etwas mit dem Islam zu tun hat. Denn eines ist sicher: Ohne Islam gäbe es keinen Islamismus – ganz gleich, ob man der Meinung ist, dass die Täter ihr Handeln zu Recht aus dem Koran ableiten oder die Religion nur missbrauchen.

Und so erlaubt die tabuisierte Debatte darüber, was der Islam gegen den Terror tun könnte, Muslimen, sich hinter dem Feigenblatt der vermeintlichen eigenen Stigmatisierung zu verstecken, mit der die DITIB ihre Absage begründete. Solange Politik und Medien auf der einen Seite nicht bereit sind, ihre politisch-korrekten Scheuklappen fallen zu lassen, und Islamverbände auf der anderen Seite nicht jede Hasspredigt in ihren Moscheen rigoros unterbinden, wird sich daran auch nichts ändern. Der Kölner "Friedensmarsch" hat eine klare Botschaft ausgesendet: Ohne den Marschbefehl ihrer Islamverbände sind viele Muslime nicht bereit, sich zu bewegen. Sie stehen unter dem Kommando mächtiger Führer, die kein Interesse daran haben, dass der Glaube zur schlichten Privatsache wird.

Dass sich die Berufspolitik dennoch mit der DITIB gemein macht und ihr unter anderem weitreichenden Einfluss in der Schul- und Integrationspolitik zugesteht, sollte grade Muslime mit großer Sorge erfüllen. Wenig hilfreich ist deren Flucht in die Opferrolle, die von eifrigen Journalisten zuverlässig bedient wird, indem sie sich darauf beschränken, eine Friedfertigkeit der muslimischen Mehrheit hervorzuheben, die selbstverständlich sein sollte. Integrationsfördernder wäre das Einfordern ehrlicher Toleranz der Muslime gegenüber allen gesellschaftlichen Gruppen sowie ein Verzicht auf die weitreichenden Sonderrechte im öffentlichen Leben.

Stattdessen aber treibt die meisten Kommentatoren lediglich die Sorge um, "rechte Kreise" könnten sich das Kölner Demo-Debakel für ihre "Islamophobie" zunutze machen. Damit werden Ursache und Wirkung bewusst vertauscht, um in gewohnter Manier vom eigentlichen Problem abzulenken. Die fadenscheinige Absage des größten Islamverbands in Deutschland, der über 800.000 Gläubige vertritt und rund 900 Moscheen betreibt, bestätigt all die Kritiker, die den Islam für inkompatibel mit der säkularisierten Welt halten. Der Schaden, den das Fiasko des "Friedensmarsches" angerichtet hat, ist enorm. Doch nur aus der islamischen Gemeinschaft selbst kann der Impuls kommen, der die Macht der Islamverbände bricht. Solange diese Bewegung ausbleibt, behalten all jene recht, die daran zweifeln, dass Muslime bereit sind, ihre Religion dem Staat unterzuordnen.

Kretschmanns Klartext

Kein Wahlkampf mit den grünen Elektro-Ideologen

Eine Woche ist der Parteitag der Grünen her, mit dem sie sich und ihre verbliebenen Wähler auf die Bundestagswahl eingestimmt haben. Die Öffentlichkeit bekam viel Ideologie serviert, und schnell wurde das Motto deutlich: Nach dem krachend gescheiterten Versuch, sich als Wirtschaftspartei zu profilieren, geht es nun volle Fahrt rückwärts. Die Parteiführung hofft, ihre abgewanderte Klientel mit grünen Kernthemen zurückzugewinnen. So richtig gezündet hat der Funke nicht, wie die jüngsten Umfragen zeigen. Unverändert dümpeln die Grünen bei sieben bis acht Prozent Zustimmung – noch im Herbst hatte man stabil bei 13 Prozent gelegen.

Grund zur Freude ist dies nur bedingt. Wie keine andere Partei können die Grünen nämlich den größten Teil ihrer sektengleich hörigen Stammwähler mobilisieren. Und so dürften sie auch im kommenden Bundestag wieder eine weit über ihre Bedeutung hinausgehende Repräsentanz erlangen. Die Delegierten verzückten den fundamentalistischen Parteiflügel mit dem Beschluss, fossil betriebene Fahrzeuge abschaffen zu wollen. Ab 2030 soll kein Diesel- oder Benzinauto mehr zugelassen werden dürfen. Für zu schnelles Fahren soll es zudem bis zu fünf Jahre Haft geben, wodurch es auf eine Stufe mit fahrlässiger Tötung gestellt würde. Im Kampf gegen die heutigen Mobilitätsstandards ist längst jedes Maß verlorengegangen.

Normalerweise wäre ein grüner Parteitag schnell vergessen. Dass er bis so lange nachwirkt, liegt an der Offenherzigkeit eines prominenten Grünen. Nicht ganz freiwillig hatte nämlich Baden-Württembergs Ministerpräsident Winfried Kretschmann Einblicke in seine Parteitagsseele gegeben. Er wurde – angeblich heimlich – gefilmt, als er bei einem Bundestagsgrünen Dampf abließ. Dass ab dem Jahr 2030 keine Verbrennungsmotoren mehr zugelassen werden sollen, sei ein "Schwachsinns-Termin", schimpfte Kretschmann, der aufgebracht darlegte, dass schon das Aufladen von fünf Millionen Elektro-Autos eine unlösbare Alltagsaufgabe darstelle, weil sich die Fahrzeuge vor den Tankstellen stauten.

Die Elektro-Dogmen seien "radikale Sprüche" – da müsse man eben bei der Bundestagswahl "mit sechs Prozent oder acht einfach zufrieden" sein, polterte der Ur-Grüne. "Dann jammert nicht rum und lasst mich in Ruhe", drohte er gar mit einem Rückzug vom Wahlkampf. Rund eine halbe Million YouTube-Aufrufe hat das Video bis dato erzielt – und die Grünen damit in helle Aufregung versetzt. Die reagierten nicht nur beleidigt auf Kretschmanns Kritik. Sittenwidrig sei es, ein "Privatgespräch" zu veröffentlichen, jammerte man über die Aufnahme. Es ist die komische Pointe der Affäre, dass ausgerechnet die Grünen den Sittenbegriff definieren. Überdies ist es einigermaßen abenteuerlich, die Äußerungen eines Ministerpräsidenten auf einem öffentlichen Bundesparteitag als Privatgespräch zu deklarieren.

Das Getöse soll davon ablenken, dass Kretschmann recht hat, der in seiner Partei immer ein bisschen zu vernünftig wirkt, um dort hinzugehören. Er hat nur einen der vielen wunden Punkte angesprochen. Denn jenseits aller Probleme rund um die Ladeinfrastruktur muss man wissen, dass schon die Herstellung eines Elektrofahrzeugs so viel CO2 freisetzt wie der Betrieb eines normalen Pkw über volle acht Jahre – von der umweltbelastenden Entsorgung der Batterie ganz zu schweigen. Da braucht man sich mit der fehlenden Alltagstauglichkeit von Elektromobilen gar nicht erst aufzuhalten, die sicher ihren Sinn im Nischeneinsatz haben, etwa als Kehrmaschinen, Golf Carts oder Elektroroller.

Deutschlands Autofahrer sind gottlob schlau genug, den ideologischen Spuk zu durchschauen, bei dem es – wie fast immer bei den Grünen – nur darum geht, einen sich nicht selbst tragenden Industriezweig per Steuersubventionen und Drohkulisse am Leben zu erhalten. Trotz stattlicher Prämienanreize wurden auch im Mai 2017 gerade einmal 3.846 E-Fahrzeuge zugelassen – nicht einmal ein Drittel von Privatpersonen, der Rest als Firmenfahrzeuge sowie vom Kfz-Handel und der öffentlichen Verwaltung. Längst hat auch Kanzlerin Merkel das utopische Ziel von einer Million Elektroautos bis 2020 aufgegeben, weil sie den grünen Koalitionspartner für die nächste Legislaturperiode vielleicht doch nicht benötigt. Die Grünen halten derweil unbeirrt an Dogmen fest, deren Scheitern absehbar ist. Wie war das nochmal mit der "Energiewende"?

Der Zensurminister
Heiko Maas und der Angriff auf das Grundgesetz

Sie haben es geschafft. Auf den allerletzten Drücker haben Heiko Maas und seine Gehilfen ihr wichtigstes Vorhaben der Legislaturperiode durchgeboxt – und vermutlich auch ihr grundgesetzwidrigstes. Von nun an gibt es in Deutschland eine Zweiklassen-Meinungsfreiheit: Die politisch tolerierte Meinung einerseits, die auch weiterhin unbehelligt geäußert werden darf, und davon abweichende Wortmeldungen andererseits, die bisher lediglich offiziell geächtet waren, in den sozialen Netzwerken künftig aber gesetzlich von der Löschung bedroht sind. Was geschrieben werden darf, entscheiden nicht mehr die Gerichte, sondern die Mitarbeiter großer Netzwerkbetreiber.

Man muss kein Berufspessimist sein, um zu ahnen, dass demnächst auch zulässige Meinungsäußerungen gelöscht werden, weil Facebook & Co. die absurd hohen Geldbußen fürchten, die das Gesetz androht. Zwar sollen lediglich "offensichtlich rechtswidrige Inhalte" entfernt werden, doch liegt genau hier das Problem: In einem Rechtsstaat haben Richter, nicht Laien, darüber zu urteilen, was das ist. Es fehlt an einer wie auch immer gearteten Offensichtlichkeit, zumal gerade das von der Verfassung verbriefte Recht auf Meinungsfreiheit weit gefasst ist. Der neumodische Begriff der Hassrede, der alles umfasst, was unerwünschte politische Haltungen zum Ausdruck bringt, ist jedenfalls mit Sicherheit kein geeigneter Maßstab.

Nach der wohlwollend begleiteten Kaperung des Rechts durch den Wächterrat der Moralisten, versetzt Maas der Jurisprudenz einen weiteren Tiefschlag. Denn mit dem Netzwerkdurchsetzungsgesetz geht ein Teil der Justizhoheit auf private Konzerne und Nichtregierungsorganisationen über. Nicht ohne Grund kommen die Juristen der Wissenschaftlichen Dienste des Deutschen Bundestags in ihrem Rechtgutachten zu einem vernichtenden Urteil. Sie sehen sich genötigt, den Bundesjustizminister darüber zu belehren, dass die Meinungsfreiheit "für eine freiheitlich-demokratische Ordnung konstituierend" sei und lediglich im Ausnahmefall eingeschränkt werden dürfe. Problematisch sei zudem, "dass es schon bei der begrifflichen Abgrenzung der zu löschenden rechtswidrigen Inhalte und strafbaren falschen Nachrichten erhebliche Schwierigkeiten" gebe.

Trotz dieser schallenden Ohrfeige und einer zusätzlichen Rüge durch die Vereinten Nationen verhalf die Mehrheit der Abgeordneten dem Ansinnen der Regierungskoalition zum Erfolg. So müssen sich wohl bald Deutschlands Verfassungsrichter mit der "Causa Maas" beschäftigen. Vielleicht werden sie dann auch die Frage beleuchten, warum es gängige Praxis zu sein scheint, dass linke Hasskommentare und islamistische Hetzparolen trotz zahlreicher Beschwerden nicht gelöscht werden, während etwa die kritische Auseinandersetzung mit dem Islam regelmäßig zur sofortigen Löschung oder gar zur tagelangen Sperrung des betroffenen Nutzers führt.

Wenngleich das Gesetz wohl keinen Bestand haben wird, muss man feststellen, dass die SPD zum Ende ihrer Regierungszeit einen echten Coup gelandet hat. Mit der aus heiterem Himmel auf die Tagesordnung gesetzten Abstimmung zur Öffnung der Ehe für homosexuelle Paare hatte sie geschickt vom Zensurgesetz ihres Justizministers abgelenkt. Sie wusste, dass die leidenschaftliche Debatte rund um die "Homo-Ehe" alles andere übertönen würde. Nahezu unbemerkt konnte der Bundestag so das "Hassrede-Gesetz" beschließen. Die meisten Parlamentarier schwänzten die Entscheidung übrigens, was viel über ihr Demokratieverständnis aussagt. Das ohnehin in Mitleidenschaft gezogene Vertrauen in den Rechtsstaat wird mit dem Bundestagsbeschluss weiter abnehmen, während die Spaltung der Gesellschaft voranschreitet.

Wie keine andere Bundesregierung zuvor, hat sich die Große Koalition in den zurückliegenden Jahren an den Bürgerrechten zu schaffen gemacht. Die Demokratie ist in Gefahr, und es ist erschreckend, dass offenbar ausgerechnet die Berufsparlamentarier zu jenen Unbelehrbaren gehören, die nicht fähig sind, die Lehren aus zwei deutschen Diktaturen zu ziehen. Noch jubelt die Meute linker Denunzianten, weil sie sich derzeit sicher sein kann, von Löschungen verschont zu bleiben. Die Kollaborateure der politischen Willkür seien jedoch daran erinnert, dass der Zeitgeist einem steten Wandel unterliegt. Wer sich heute noch im Glanz des Ruhms der Jäger sonnt, könnte schon bald zu den Gejagten gehören.

Tabuzone ANTIFA
Medien und Politik als Schutzherr linker Terroristen

Es ist noch nicht allzu lange her, dass linke Terroristen halb Frankfurt in Schutt und Asche gelegt haben. Auch damals ging es vorgeblich um den Kampf gegen das internationale Kapital. Dafür wurden anlässlich der Einweihung des neuen Büroturms der Europäischen Zentralbank ganze Stadtviertel verwüstet sowie unzählige Polizisten, Feuerwehrleute und Rettungskräfte von den Attentätern der ANTIFA zum Teil schwer verletzt. Der Kapitalismusprotest dient natürlich immer nur als Alibi für die Gewaltexzesse. Denn Linksextremen geht es nun mal nicht um Inhalte, sondern um das Ausleben ihrer Verrohung. Brutal streben sie nach totaler Vernichtung – und machen selbst vor Menschenleben nicht Halt.

Nun hat es Hamburg erwischt. Und wer geglaubt hatte, schlimmere Bilder als die an den Angriff auf die Türme des World Trade Centers erinnernde Frankfurter Szenerie könne es nicht geben, sah sich getäuscht. Die Aufnahmen glichen einer Kriegsberichterstattung und schockten auch hartleibige Realitätsleugner. Fassungslos steht der wenig informierte Durchschnittsbürger der Wucht des linksterroristischen Angriffs gegenüber. Dass dies auch für die Einsatzleitung der Polizei gilt, die eingestehen musste, sie sei "von der Brutalität überrascht worden", lässt alle sprachlos zurück, die das Treiben der zwangsweise vom Steuerzahler finanzierten ANTIFA seit Jahren verfolgen.

Vor den 20.000 Polizisten, die ihr Leben als Kanonenfutter der Terroristen riskiert haben, kann man nur den Hut ziehen, Kopfschütteln löst aber das Fazit der Polizeiführung sowie zahlreicher Politiker aus. Und auch die Berichterstattung war eine Schande: Viele Hundert zum Teil schwerverletzte Beamte waren den öffentlich-rechtlichen Sendern lange keine Erwähnung wert. Dafür ließ man die Vertreter ultralinker Gruppierungen sowie linke und grüne Politiker ausführlich zu Wort kommen. Sie rechneten die Zahl der Verletzten unter den "Demonstranten" vor und durften unwidersprochen Täter zu Opfern machen, indem sie die angebliche Brutalität der Einsatzkräfte als Grund für die Eskalation benannten.

Statt einer Kampfansage an den Linksextremismus gab es den gewohnten Relativierungswettbewerb zur verbreiteten linken Gewalt. Und während schon die allerkleinste Nazi-Schmiererei für spontane Sondersendungen taugt, um vor den "Neuen Rechten" zu warnen, vermieden viele Kommentatoren es, den Begriff "links" überhaupt in den Mund zu nehmen. Es liegt nun einmal nicht im Interesse derer, die täglich Zerrbilder entwerfen, den schlafenden deutschen Michel mit der Nase darauf zu stoßen, dass die größte Gefahr für unsere Gesellschaft auch fast drei Jahrzehnte nach der RAF unverändert von links kommt. Auf die Spitze trieb es Schleswig-Holsteins SPD-Chef Ralf Stegner, der gar davor warnte, man stärke "die politische Rechte", indem man die Exzesse von Hamburg als linke Gewalt darstelle.

Dass Stegner einseitig Partei ergreift, muss niemanden wundern. Immerhin verkehrt sein Sohn Fabian Alexander im Umfeld der ANTIFA. Aber nicht nur der griesgrämige Norddeutsche erdichtete seine eigene Realität. Auch die restlichen Vertreter des links-grünen Politkartells sahen keinerlei Anlass, zum längst überfälligen "Kampf gegen Links" aufzurufen. Und nicht einmal in der CDU wollte man das hässliche Kind beim Namen nennen. Dabei haben die schrecklichen Tage des G20-Gipfels eines deutlich gemacht: Nicht nur belanglose Kleingruppen wie die medial viel beachteten Reichsbürger lehnen unseren Staat ab, sondern auch die hochgradig organisierten und international vernetzten Linksterroristen von ANTIFA & Co.

Es ist von größter Bedeutung für das Vertrauen der Bürger, dass diese Erkenntnis von den Handelnden in Medien und Politik nicht länger tabuisiert wird, um dem Verdacht der Komplizenschaft nicht immer neue Nahrung zu geben. Der Bundesstaat New Jersey stuft die amerikanische ANTIFA übrigens als Terrororganisation ein. Hierzulande verfolgt man lieber missliebige Äußerungen, als zu verhindern, dass polizeibekannte Staatsfeinde Städte ins Chaos stürzen und Andersdenkenden nach dem Leben trachten. Die Politik hat den Geschädigten nun schnelle finanzielle Hilfe zugesagt. Bei den gescheiterten Existenzen des "Schwarzen Blocks" dürfte allerdings nichts zu holen sein. So muss der Steuerzahler die linken Terroristen nicht nur finanzieren, sondern auch noch deren Schadensrechnung begleichen. Was für ein Wahnsinn!

Nein zum Stoffgefängnis
Kein Menschenrecht auf Burka und Niqab

Unbemerkt von der deutschen Öffentlichkeit, ist der politische Islam höchstrichterlich in die Schranken gewiesen worden. In Straßburg fällte der Europäische Gerichtshof für Menschenrechte (EGMR) ein Urteil, in dem viel mehr steckt, als die biedere Chronistenpflicht der Journalisten vermuten lässt. Denn der EGMR bestätigte nicht nur die eigene, drei Jahre alte Rechtsprechung, sondern setzte in seiner Urteilsbegründung auch ein klares Zeichen gegen eine falsch verstandene und den gesellschaftlichen Frieden in Europa bedrohende Toleranz. Bereits 2014 hatten die Richter entschieden, dass das in Frankreich geltende Verbot der Verschleierung rechtens ist.

Seit 2011 stellt die Grande Nation das öffentliche Tragen von Kleidung unter Strafe, "die dazu bestimmt ist, das Gesicht zu verbergen". Zur gleichen Zeit hatte Belgien ein entsprechendes Verbot in Kraft gesetzt, mit dem sich der Gerichtshof nun aufgrund der Klage zweier muslimischer Frauen befassen musste. Das Ergebnis fand hierzulande wenig medialen Widerhall, denn statt der richterlichen Absolution für das Tragen ihrer politischen Symbole, erhielten die Klägerinnen eine Abfuhr. Das in einigen europäischen Staaten geltende Vollverschleierungsverbot wurde nachhaltig bestätigt. Zwar war der Richterspruch allgemein erwartet worden, doch ließ die gegenüber 2014 deutlich geschärfte Urteilsbegründung aufhorchen.

Damals hatte der EGMR nur geurteilt, dass "der Respekt für einen Mindestbestand an Werten für eine offene und demokratische Gesellschaft […] mit dem legitimen Ziel des Schutzes der Rechte und Freiheiten anderer verknüpft werden kann". Diesmal ging das Gericht noch ein ganzes Stück darüber hinaus: Das Verbot der Vollverschleierung in der Öffentlichkeit sei "für eine demokratische Gesellschaft notwendig" und schütze "die Rechte und Freiheiten" Dritter. Mit anderen Worten: Burka und Niqab, mithin die frauenfeindlichsten Symbole des Islam, gefährden die öffentliche Ordnung und das gesellschaftliche Miteinander, das darauf basiert, dass man seinem Gegenüber ins Gesicht schauen kann. Vor allem aber schränken vollverschleierte Frauen die Freiheit all derer ein, die nicht an einer aufdringlich zur Schau gestellten Religion teilhaben wollen.

Den passenden Vergleich lieferte vor einiger Zeit CDU-Vize Julia Glöckner. Für die sich aufdrängende Parallele zum Exhibitionismus, der hierzulande unter Strafe gestellt ist, weil er nicht nur als öffentliches Ärgernis gilt, sondern als Zumutung für Nicht-Exhibitionisten empfunden wird, bezog sie damals jede Menge Prügel. Wenn es um den Islam geht, wird eben jeder zur Zielscheibe, der sich für die Rechte von Frauen einsetzt. Es ist dennoch bemerkenswert, wie beharrlich die Armee der ansonsten ausgesprochen kämpferischen Frauenrechtlerinnen dazu schweigt, dass der Islam seine Frauen per "Stoffgefängnis" in eine unterwürfige Rolle zwingt.

Während nicht nur in Frankreich und Belgien, sondern auch in Österreich, Bulgarien und Lettland ein öffentliches Verschleierungsverbot gilt und sich die Niederlande zumindest zu einem Verbot in Schulen, Krankenhäusern und staatlichen Gebäuden sowie im öffentlichen Nahverkehr durchringen konnte, ist Deutschland von einer derartigen Gesetzgebung Lichtjahre entfernt. Die Bundesregierung versteckt sich hinter sogenannten Experten, die auf die angebliche Unvereinbarkeit mit Grundgesetz und Religionsfreiheit verweisen. Angesichts der vom EGMR nun mit Nachdruck erneuerten Bestätigung des Vollverschleierungsverbots mutet dies abenteuerlich an.

Nicht einmal an der in Belgien möglichen Haftstrafe bei wiederholter Zuwiderhandlung hatten die Richter etwas auszusetzen, ganz zu schweigen von den satten Bußgeldern, die auch in Frankreich drohen. Es ist höchste Zeit, dass Deutschlands Politik die Rechte der Mehrheitsgesellschaft endlich über die Partikularinteressen einer einzelnen Religion stellt, statt immer dann, wenn es um den Islam geht, mit dem Grundgesetz zu winken, das man in anderen Fällen gerne zu ignorieren bereit ist. Ein Staat, der sich einer Religion unterwirft, muss sich nicht wundern, wenn alle Integrationsanstrengungen ins Leere laufen. Das effektivste Integrationsprogramm bestünde darin, Muslimen klipp und klar zu sagen, was wir als säkularisierte Gesellschaft von ihnen erwarten, und sie auf unsere gesellschaftlichen Spielregeln zu verpflichten. Ein öffentliches Burkaverbot wäre hierfür ein Anfang.

Manipulative Meinungsmacher
Journalisten als Spaltpilz der Gesellschaft

"Verklärte Willkommenskultur" lautet die Headline einer skurrilen Meldung, die dieser Tage die Runde macht. Sie ist aber nicht etwa deshalb so bizarr, weil über geradezu Unglaubliches berichtet würde, sondern weil die Nachricht etwas derart Offensichtliches zum Inhalt hat, dass man sich fragt, warum es einer wissenschaftlichen Studie bedurft hatte, um es zu manifestieren. Denn das Ergebnis überrascht so wenig, als hätte jemand nachgewiesen, dass Bäume von unten nach oben wachsen. Und doch ist die Studie der Hamburg Media School und der Uni Leipzig ein echter Meilenstein im Kampf gegen den allgegenwärtigen Kampagnenjournalismus.

Erstmals ist wissenschaftlich bestätigt worden, was viele Millionen seit 2015 mit eigenen Augen und Ohren wahrnehmen: Deutschlands Medien haben sich in der Zuwanderungskrise zu willfährigen Handlangern der politischen Klasse gemacht. Die Journalisten haben ein Zerrbild der Realität gezeichnet, um uns ihre Ideologie aufzuzwingen. Sie haben auf diese Weise dafür gesorgt, dass "freiwillig von den Bürgern zu erbringende Samariterdienste moralisch eingefordert werden konnten", resümiert Studienleiter Michael Haller. Er bescheinigt den Redaktionen, die "Willkommenskultur zu einer Art Zauberwort verklärt" zu haben. "Große Teile der Journalisten haben ihre Berufsrolle verkannt", so sein vernichtendes Fazit.

Die Studie rehabilitiert die vielen unbescholtenen Bürger, die sich von Politik und Medien lange als rechte Populisten oder rassistische Hetzer beschimpfen lassen mussten. Und doch dürfte die Erkenntnis kaum Besserung bringen. An den willkommensbesoffenen Liebhabern der öffentlich-rechtlichen Schlaflieder dürfte sie ohnehin abperlen. Lieschen Müller belastet sich eben nicht gerne mit unangenehmen Wahrheiten. Wie sollte sie ihre Fernsehabende genießen können, machte sie sich bewusst, dass "Tatort", "Tagesthemen" und "Heute-Journal" ein völlig irreführendes Bild zeichnen? Fände sie noch Schlaf in dem Wissen, dass mit der Kulturbereicherung ein gerüttelt Maß Sicherheit und Ordnung verlorengegangen ist? Würde sie etwas hören wollen von der Milliardenlast für die Sozialsysteme, der zunehmenden Migranten-Kriminalität oder der Erwartung der Zuwanderer, dass wir uns anpassen?

Zu nett sind doch die herzerwärmenden Geschichten beachtlicher Bargeldfunde, wunderbar illustriert mit Flüchtling Hassan, den freundliche Polizisten mit Blumenstrauß einrahmen. Und Deutschlands Medienschaffende machen keinen Hehl daraus, dass sie gar nicht daran denken, ihre "Berichterstattung" zu ändern. Wissenschaftlich der Lüge überführt, setzen sie ihren Feldzug gegen alle fort, die es wagen, offensichtliche Probleme anzusprechen und überfällige Fragen zu stellen. Dabei werden längst auch kritische Vertreter des links-grünen Parteienspektrums Opfer der Gesinnungstäter. Einer, der den Finger früh in die Wunde gelegt hat, ist Boris Palmer.

Tübingens grüner Oberbürgermeister stellt Merkels Mantra "Wir schaffen das" beharrlich infrage. In seinem neuen Buch warnt der 45-Jährige eindringlich vor einer Politik, die Deutschland in den vergangenen Jahren nicht nur überfordert, sondern regelrecht gespalten hat. Nun hat Palmer die Vorkommnisse auf einem Volksfest in seiner ehemaligen Heimat Schorndorf kommentiert. Angesichts der sexuellen Übergriffe durch einen Iraker und drei Afghanen sowie der Gewaltexzesse eintausend junger Leute – laut Polizeiangaben zum großen Teil mit Migrationshintergrund – stellte er nüchtern fest, dass "wieder sehr junge Asylbewerber mitten drin" gewesen seien und beklagte, dass "es immer noch als Rassismus gebrandmarkt wird, wenn man das Problem beschreibt".

Das ARD-Magazin "Monitor" blies daraufhin zur Treibjagd auf den früheren Vorzeige-Grünen. Man erfand eine ganz eigene Version der Vorfälle und behauptete, es habe lediglich "eine Handvoll alkoholisierter Jugendlicher am Rande eines Stadtfestes gegen Polizeibeamte randaliert". Es sind solche Bagatellisierungsversuche, die den Begriff der "Lügenpresse" geprägt haben. Kein Wunder, dass die Autoren der Studie die manipulative Meinungsmache der Journalisten als Ursache für die Spaltung und Radikalisierung der Gesellschaft ausmachen. Abschalten und umblättern, lautet die Devise. Ideologisierte Aufwiegler, die ihr Privileg journalistischen Wirkens missbrauchen, dürfen keine Bühne erhalten. Journalisten sind Dienstleister der Leser und Zuschauer – nicht mehr und nicht weniger.

Allmächtige Antisemiten
Facebook als Spielball islamistischer Hetzer

Nun hat es also auch den Vorsitzenden der Jungen Union Mainz erwischt. Der kommunikative Konservative, den mancher CDU-Kollege möglichst bald in entscheidender Parteifunktion sehen möchte, war für einen Tag in Facebook gesperrt. Dabei ist Felix Maximilian Leidecker alles andere als ein Hetzer. Seine von vielen Tausend Nutzern gelesenen und kommentierten Beiträge gehören mit zum Besten, was die sozialen Netzwerke zu bieten haben. Mit seinen ebenso sachlichen wie klaren Stellungnahmen zu tagesaktuellen Themen hat sich der aktive Jungpolitiker den Respekt der Netzgemeinde erarbeitet.

Vor allem dem Kampf gegen jegliche Form des Antisemitismus hat sich Leidecker verschrieben. Immer wieder weist er auch auf islamistische Hetze hin, die nicht selten judenfeindliche Parolen enthält. In der vergangenen Woche hatte Leidecker den Facebook-Verantwortlichen eine Seite gemeldet, deren Inhalte seiner Einschätzung nach nicht von der Meinungsfreiheit gedeckt sind. Diese Sicht wird von vielen Nutzern geteilt. Antisemitische Verlautbarungen sind dort ebenso zu lesen, wie jede Menge islamistischer Parolen. Unter anderem erfährt der Seitenbesucher, dass es Freiheit nur dann geben könne, "wenn das abgefuckte Judenvolk verbrannt wird und vergast". Auf Facebook finden sich zahlreiche weitere Seiten mit ähnlichen Inhalt.

Mehrere Wochen hatte Leidecker judenfeindliche Beiträge auf "Freiheit für Palästina" protokolliert und aufgrund der Fülle an Belegen gehofft, dass die islamistische Seite von Facebook gelöscht würde. Immerhin legen einige der antisemitischen Hassbotschaften tatsächlich eine Straftat nahe. Wer sich die Beiträge der Seite durchliest, gewinnt überdies den Eindruck einer engen Verbindung zur salafistischen Szene Doch der Mainzer musste fassungslos feststellen, dass plötzlich er selbst von Facebook gesperrt wurde. 30 Tage sollte er im Facebook-Gefängnis schmoren. Dass er schon nach 24 Stunden frei kam, hatte er der Netzgemeinde und der BILD-Zeitung zu verdanken. Die Redaktion hatte sich empört, dass nicht etwa ein radikalislamistisches Hassportal, sondern der untadelige Nachwuchspolitiker mit einer Kontosperre belegt wurde.

Die überregionale Berichterstattung dürfte der Tatsache geschuldet gewesen sein, dass sich CDU-Parteikollegen öffentlich hinter Leidecker gestellt hatten. Bei den vielen unbekannten Facebook-Nutzern, die sich keiner prominenten Rückendeckung erfreuen und ihre scheinbar willkürlich ausgesprochene Sperre aussitzen müssen, hinterlässt dies einen bitteren Beigeschmack. Denn Leidecker ist beileibe kein Einzelfall. Immer wieder werden Antisemitismus- und Islamismus-Kritiker von Facebook gesperrt. Der Hamburger Rechtsanwalt Joachim Steinhöfel nahm dies 2016 zum Anlass, eine "Wall of Shame" einzurichten, um prominente und weniger prominente Vorfälle absurder Facebook-Sperren öffentlich zu machen.

Unterdessen ist Leidecker zwar rehabilitiert und darf sich über die Entschuldigung von Facebook freuen, doch ist das Problem damit nicht gelöst. Denn trotz der Meldung zahlloser judenfeindlicher und islamistischer Hasskommentare bleibt "Freiheit für Palästina" mit allen Beiträgen online. Facebook sieht – wie fast immer, wenn islamistische Hetze gemeldet wird – keinen Verstoß gegen seine Gemeinschaftsstandards. Auch in Zukunft macht es also einen Unterschied, ob es sich um rechtspopulistische Wortmeldungen handelt, die unverzüglich und mit aller Konsequenz verfolgt werden, oder um linksradikale und islamistische Hetze, die regelmäßig ungeahndet bleibt.

Das aus Medien und Politik bekannte Messen mit zweierlei Maß scheint auch für Facebook die Maxime des Handelns zu sein. Und Besserung ist nicht in Sicht. Denn mit dem neuen Netzdurchsetzungsgesetz dürfte sich der einseitige Aktionismus eher verstärken. Noch schneller wird dann gelöscht und gesperrt werden, ohne den Sachverhalt zu prüfen. Zudem wird das mächtige Salafisten-Netzwerk die Entfernung seiner antisemitischen Hetze auch künftig zu verhindern wissen, indem es einfach seine Gegner bei den überforderten Löschteams anschwärzt. Es ist höchste Zeit für Facebook, den Kampf gegen die Islamisten aufzunehmen. Immer mehr verfestigt sich der Eindruck, dass die Judenfeindlichkeit muslimischer Migranten nicht nur als kulturelle Begleiterscheinung akzeptiert wird, sondern überdies Täter mit Opfern verwechselt werden.

Twestens Tabubruch
Demokratien brauchen keine Parteisoldaten!

Der Parteienstaat ist in Aufruhr. Da hat es doch tatsächlich in Niedersachsen eine Abgeordnete gewagt, während der Legislaturperiode die Seiten zu wechseln. Als Grüne in den Landtag gewählt, wird sich Elke Twesten nun der CDU-Fraktion anschließen. Der rot-grünen Regierungskoalition in Hannover geht damit die hauchdünne Mehrheit flöten. Natürlich ist das bitter, und die Verlierer haben allen Grund, sich zu ärgern. Über die heftige Reaktion der SPD kann man sich aber nur wundern. Dort bewegt man sich gefährlich nah am Straftatbestand der üblen Nachrede.

Elke Twesten zu unterstellen, sie habe sich von der CDU "kaufen" lassen, und sie als teuflische Totengräberin der Demokratie darzustellen, ist bösartig. Die 54-Jährige hat nämlich lediglich von ihrem verfassungsmäßig garantierten Recht Gebrauch gemacht, welches – sehr zum Unmut der Parteizentralen – regelt, dass Abgeordnete "an Aufträge und Weisungen nicht gebunden und nur ihrem Gewissen unterworfen" sind. Man kann darüber debattieren, ob es nett ist, der Partei den Rücken zu kehren, die einem den Sprung ins Parlament ermöglicht hat. Immerhin steigen die allerwenigsten Parteimitglieder kraft ihrer Prominenz und Beliebtheit zum gut bezahlten Parlamentarier auf. Wenn aber eine Partei inhaltlich nicht mehr zu einem passt, ist ein Wechsel zu einem anderen Partner legitim.

Und zwar auch dann, wenn er dem Machtanspruch zuwiderläuft, der viel zu oft über dem Gemeinwohlinteresse steht. Elke Twesten wird sich ihren Schritt gut überlegt haben. Es macht einen Unterschied, ob man einer Regierungskoalition angehört oder die Oppositionsbank drückt: Vom exklusiven Zugang zu Informationen über die Teilnahme an zusätzlich vergüteten Koalitionstreffen bis zur Berücksichtigung bei Gremienbesetzungen. Ob sie nach einer Neuwahl überhaupt noch im Landtag sitzen wird, ist offen. Gute Gründe, die Sache auszusitzen. Doch das Verhältnis zu ihrer Partei, der sie 20 Jahre angehört hatte, war so schwierig geworden, dass sie nicht mehr mochte.

Als Gegnerin des fundamentalistischen Flügels, dem der niedersächsische Landesverband zugerechnet wird, wollte Twesten vor der Bundestagswahl sicher auch ein Zeichen für eine schwarz-grüne Koalition setzen, in der die "Realos" das Sagen haben. Dass dieses Szenario in Berliner Unionskreisen für die kommende Bundesregierung favorisiert wird, ist kein Geheimnis. Wohl auch deshalb wurde die Diplom-Finanzwirtin von der CDU mit offenen Armen empfangen. Umso schriller war der Aufschrei der Presse, die immer noch hofft, ein grünsozialistisches Bündnis herbei schreiben zu können. Die Journaille sieht die Demokratie in Gefahr und erklärt Elke Twesten zur politischen Persona non grata. Nichts auszusetzen hatten dieselben Medien interessanterweise, als 2016 in Thüringen ein AfD-Abgeordneter zur SPD übertrat und dadurch die knappe Mehrheit der Regierungskoalition stärkte.

Der Fall Twesten ist aber auch jenseits aller journalistischen Doppelmoral brisant, zeigt er doch, wie sehr der Parteienstaat Besitz von der Demokratie ergriffen hat. So selbstverständlich sind Fraktionszwang und Linientreue geworden, dass schon das Ausüben eines grundgesetzlich verbrieften Rechts schwerste Schockwellen durchs Land sendet. Doch Parteien, die ihre Abgeordneten zu Befehlsempfängern und Wähler zu reinen Mehrheitsbeschaffern degradieren, brauchen sich nicht zu wundern, wenn Parlamentarier ihre Rolle als Steigbügelhalter der Machtelite mal nicht mehr spielen möchten.

Es ist übrigens grober Unfug zu behaupten, der nun herbeigeführte Sturz der Regierungskoalition sei eine Missachtung des Wählerwillens. Bürger wählen keine Koalitionen, sondern Parteien, die parlamentarische Fraktionen bilden. Es handelt sich dabei um Bündnisse auf Zeit, die auch Veränderungen unterliegen können. Elke Twesten mag nach Auffassung mancher egoistisch gehandelt haben, ihre Entscheidung, sich einer anderen Fraktion anzuschließen, erinnert uns jedoch daran, dass Abgeordnete keine Diener ihrer Parteien sind, sondern Diener der Demokratie. Wir brauchen mehr unabhängige Parlamentarier! Unzählige kommunale Beispiele, aber auch die Erfahrungen aus der Schweiz zeigen: Wo Mehrheiten themenbezogen stets neu gefunden werden müssen, ist die Demokratie lebendiger und das Ergebnis für die Bürger regelmäßig besser. Aber vielleicht ist ja genau das in den mächtigen Parteizentralen gar nicht gewollt…

Die Diesel-Jagd
Scheinsubventionen und willkürliche Grenzwerte

Das Umweltbundesamt gilt als Europas größte Umweltbehörde. Kein Wunder, dass sich deren Präsidentin Maria Krautzberger für eine der wichtigsten Umweltbeauftragten des Kontinents hält. Nur allzu gerne fordert die SPD-Politikerin irgendetwas, wobei sich die Reaktionen auf ihre Wortmeldungen regelmäßig zwischen Heiterkeit und Entsetzen bewegen. Fast scheint es, als gehe die Diplom-Soziologin einmal pro Quartal mit einer irren Forderung auf die Menschheit los. Anfang 2017 wollte Krautzberger den Mehrwertsteuersatz für tierische Lebensmittel auf 19 Prozent erhöhen, damit die Bürger weniger Fleisch essen. Im April machte sie sich dafür stark, alle Städte generell zu Tempo-30-Zonen zu erklären, weil ein ausgebremster Verkehr angeblich besser fließt.

Nun will die Chefin des Umweltbundesamtes die Dieselsteuer erhöhen. Und diesmal darf sie, anders als bei ihren früheren Schnapsideen, mit Zustimmung rechnen. Denn dem Diesel soll es an den Kragen gehen – das haben die Schreibtischtäter in den links-grünen Ideologiehochburgen beschlossen. Wie absurd die Forderungen auch sind, die in der irrwitzigen Diskussion erhoben werden, nichts scheint mehr unmöglich. Der Dieselmotor ist der Donald Trump der Mobilität. Beim indoktrinierten Massenpublikum taugt er hervorragend als ideologisches Feindbild. Wer fragt da noch nach Fakten?

Doch auch dem Letzten sollte inzwischen klar geworden sein, dass es um einen Vernichtungsfeldzug zur Etablierung neuer Industrien und keinesfalls um den Umweltschutz geht. Unverhohlen fordert nicht nur Kanzlerkandidat Schulz eine Quote für den Absatz von Fahrzeugen mit Elektromotoren. Offenbar soll wie bei der "Energiewende" den ungeduldigen Auftraggebern unwirtschaftlicher Nischenprodukte ein lukrativer und steuerlich hoch bezuschusster Massenmarkt erschlossen werden – sicherlich nicht zum Nachteil der politischen Wegbereiter. Und am liebsten würde man den Verbrennungsmotor gleich ganz abschaffen; das Ziel der Vernichtung Benzin- und Dieselgetriebener Motoren findet sich bereits im Parteiprogramm der Grünen. Mit immer neuen Angstszenarien werden die Bürger dabei weichgekocht.

Man muss gar nicht erst zu den Anfängen der politischen Durchsetzung des Katalysators zurückgehen, über dessen Wirkungsgrad beim durchschnittlichen Kurzstreckenfahrer eine Menge zu erzählen wäre. Die Markteinführung des "Kat" war vor allem ideologisch motiviert und wurde von jeder Menge Halbwahrheiten begleitet. Auch in unseren Tagen bestimmen alternative Fakten die Umweltdebatte. Erst war es der Feinstaub, mit dem die Einführung der Umweltzonen gerechtfertigt wurde. Inzwischen ist klar, die Zonen bringen nichts, denn schlappe 15% des Feinstaubs entstammen Motoren. Dann kam der Kampf gegen das Kohlendioxid, mit erfundenen und immer weiter abgesenkten Grenzwerten.

Und nun ist es das Stickoxid, von dem Verbrennungsmotoren angeblich viel zu viel freisetzen. Dabei zeigt sich die Willkür der Grenzwerte schon daran, dass die zulässige Stickoxid-Konzentration für Arbeiter an Industriearbeitsplätzen und im Handwerk atemberaubende 24-mal so hoch liegt wie für den fließenden Straßenverkehr. Derlei Ungereimtheiten müsste das Publikum doch irgendwann bemerken, hofft man. Wer könnte da noch glauben, es ginge um den Umweltschutz? Doch leider scheint dies die Mehrheit zu tun. Dauerbeschallt von der grünen Propaganda, verlieren immer mehr Bürger offensichtlich die Fähigkeit zum eigenständigen Denken. Es passt ins Bild, dass sich kaum jemand an Krautzbergers dreister Parole stört, es müsse Schluss sein mit der Dieselsubvention.

Dabei ist es mitnichten eine Subvention, wenn die Steuer für ein Produkt niedriger ausfällt als für ein anderes. Und warum sollte eigentlich gerade der höhere Steuersatz als Maßstab gelten, wäre es nicht ebenso legitim zu fordern, die überhöhte Benzinsteuer abzusenken? Der obrigkeitshörige Deutsche lässt sich derweil mit willkürlich festgelegten Grenzwerten gängeln und von grünen Horrorszenarien verängstigen, obwohl diese immer wieder von der Realität widerlegt werden. Skrupellose Lobbyisten zwingen dem Land auf diese Weise ihren Willen auf – und der brave Michel erkennt nicht, dass sie sich nur als Politiker tarnen. Wahrscheinlich geschieht es ihm recht.

Die Gaffer
Unterlassene Hilfeleistung als Antwort auf den Terror

Eine furchtbare Terrorwoche liegt hinter uns. Mittlerweile sind die großen und kleinen islamistischen Massaker in derartiger Regelmäßigkeit zu beklagen, dass sie von den Journalisten bereits zynisch zur Routine erklärt werden. Zugleich will die Politik jede aufkommende Diskussion im Keim ersticken. Nichts soll so kurz vor der Bundestagswahl die traute Einigkeit der fünf ältesten deutschen Parteien trüben und ihnen einen noch mächtigeren Gegenspieler erwachsen lassen, als es ohnehin zu erwarten ist. Teils ist es pure Ideologie, dass Deutschlands Parteifunktionäre den Terror im Wahlkampf nicht thematisieren, teils blinde Nibelungentreue, in der Hoffnung, nach der Wahl an der Hand der Kanzlerin gehen zu dürfen.

Deutschlands Berufspolitiker begleiten das Blutbad des Terrors derer, die im Namen des Koran handeln, mit derselben Abgebrühtheit wie die Gaffer das Sterben Verunglückter auf der Autobahn. Das furchtbare Leid kümmert sie offenbar wenig. Dies hat uns nun auch die stellvertretende Vorsitzende der SPD-Bundestagsfraktion Eva Högl unfreiwillig wissen lassen. Ähnlich herzlosen Autobahn-Voyeuren, die erregt Handyvideos von Unfallopfern machen, winkte die Bundestagsabgeordnete ohne jede Spur von Anteilnahme fröhlich durch die Gegend, während ihr Parteichef Betroffenheits-Statements vor laufender Kamera abgab.

Doch so bitter das Gaffen der Schaulustigen aus der Berufspolitik ist – den größten Anteil an der Vermeidungsstrategie haben Deutschlands Redaktionen. Immer wieder lesen wir, dass ein "Auto in eine Menschenmenge gefahren" ist, "Passanten durch ein Messer verletzt" oder aber "Fußgänger von einen LKW erfasst" worden sind. Stets soll die Überschrift sicherstellen, dass der Eindruck eines vermeintlichen Unfalls entsteht und das offensichtliche Motiv des religiös motivierten Mordanschlags verschleiert wird. Auch sollen die Täter gesichtslos bleiben, indem man nicht sie benennt, sondern bestenfalls ihre Tatwaffen. Vor allem aber will man die Opfer entmenschlichen, um das grausame Abschlachten so weit von der emotionalen Ebene wegzuholen wie nur irgend möglich.

Während es bei Klima, Asyl und Netzwerkkontrolle nicht emotional genug zugehen kann, um sperrige Sachthemen mit dem gewünschten ideologischen Effekt zu verankern, verblassen scheußliche islamistische Morde zu routinierten Schadensmeldungen, denen man die Lustlosigkeit der Chronistenpflicht anmerkt. Hochemotional wird es dann, wenn an die Leser appelliert wird, nun bloß keine voreiligen Schlüsse zu ziehen. Mein Respekt für die sogenannten Volksvertreter und ihre Helfershelfer in den journalistischen Echokammern hatte sich bisher schon in Grenzen gehalten. Doch inzwischen ist auch davon nicht mehr viel übrig. Und ich habe einfach keine Lust mehr zu hören, man dürfe nicht verallgemeinern. Natürlich darf man das! Es gibt nun einmal Dinge, für die ganze Gruppen stehen.

Schon die einfache Zugehörigkeit zu einer Partei erlaubt Verallgemeinerungen bezüglich der politischen Einstellung. Erst recht die Mitgliedschaft in einem bestimmten Sportverein, und ganz sicher der Beitritt zu einer religiösen oder ideologischen Gruppierung. Ja, es ist zulässig, alle Muslime verallgemeinernd in die Pflicht zu nehmen und von ihnen zu fordern, die Vereinbarkeit ihres Glaubens mit demokratischen Grundsätzen kritisch zu hinterfragen. Denn ganz offensichtlich hat der Islam ein Problem. Verstärkt wird es durch Medien und Politik, die sich weigern, unmissverständlich klarzustellen, dass zuerst die Demokratie kommt und dann die Religionsfreiheit. Regelmäßig wird der Eindruck erweckt, es sei andersherum.

Demokratie und Islam – beides funktioniert nur zusammen, wenn sich die Religion bedingungslos dem Rechtsstaat und der Bürgergesellschaft unterordnet. Wer meint, sich aufgrund seines Glaubens nicht zu den Werten von Humanismus und Aufklärung bekennen zu können, muss vor eine Entscheidung gestellt werden – ohne Scheuklappen, ohne Wenn und Aber, ohne Political Correctness. Jedem, der sich vom Islamismus distanzieren will, steht es übrigens frei, die islamische Glaubensgemeinschaft zu verlassen, so wie Abertausende Christen aus der Katholischen Kirche ausgetreten sind, um gegen Intoleranz und Missbrauch zu protestieren. Die Muslime allein sind dafür verantwortlich, dass der Terror endet. Eine Staatsgewalt muss dies im Zweifel erzwingen. Schaulustige, die im Weg stehen, braucht dabei allerdings niemand.

Das Scheingefecht
Der Innenminister und sein Wahlkampfmanöver

Gänzlich unerwartet hat Bundesinnenminister Thomas de Maizière die Website "linksunten.indymedia" verboten – kein x-beliebiges Hetzportal, sondern nach Auskunft des Ministers "die einflussreichste Internetplattform gewaltbereiter Linksextremisten". Kaum jemand hatte ernsthaft damit rechnen können, dass nach Jahren der ausschließlichen Verfolgung rechtsextremer Internetauftritte tatsächlich einmal mit der gleichen Konsequenz gegen den organisierten Linksextremismus vorgegangen würde. Lange war bekannt, dass dieser unter anderem die seit 2008 bestehende Plattform zur Verbreitung von Beiträgen mit strafbaren und verfassungsfeindlichen Inhalten nutzt.

Strafbar ist damit auch die Verwendung der Kennzeichen des Vereins, der die Internetseite betreibt. Diese ist Teil des Internetauftritts von Indymedia Deutschland, auf dem Linksextremisten auch künftig ihre Propaganda verbreiten und sich zu Gewaltaktionen verabreden können. In anonymisierten Netzwerken wie "Tor" tun sie dies ohnehin. Und auch die Jugendorganisationen der Grünen und der Linkspartei sowie weite Teile der SPD-Jugend bieten genügend Raum und ausreichend Deckung. Wie sehr sich gerade Linksjugend und Grüne Jugend dem Linksextremismus verbunden fühlen, zeigen nicht nur ihre aktuellen Reaktionen auf das Verbot. Bereits 2013 fielen sie etwa mit der Bekennerkampagne "Ich bin linksextrem" auf.

Schon haben die Plattformbetreiber angedroht, bald wieder zurück zu sein. Kein Kunststück, angesichts der Fülle von Möglichkeiten, sich im Netz zu verstecken und Seiten von rechtlich schwer zugänglichen Regionen aus zu betreiben. Es ist auch aus diesem Grund nur ein symbolischer Akt, "linksunten.indymedia" abzuschalten. Zwar ist das Verbot begrüßenswert, doch ist es ungefähr so wirkungsvoll, als würde man irgendeine der vielen Tausend Djihad-Seiten löschen. Das wissen auch der Innenminister und die Kanzlerin. Geben wir uns also keinen Illusionen hin. Hier ist niemand zur Einsicht gekommen. Das durchschaubare Manöver dient nur dem Zweck, verprellte Konservative als CDU-Wähler wiederzugewinnen. Der Zeitpunkt gut vier Wochen vor der Bundestagswahl ist mit Bedacht gewählt.

Wer wirklich effektiv gegen den Linksextremismus vorgehen wollte, müsste nicht nur dessen Internetplattform sperren, sondern sich im täglichen Handeln so klar gegen links abgrenzen, wie er dies gegen rechts tut. Daneben müsste der nur für rechte Propaganda geltende Straftatbestand der Verwendung von Kennzeichen verfassungswidriger Organisationen auf alle linksextremen Gruppierungen ausgedehnt werden. Dazu wäre allerdings die Bereitschaft vonnöten, die verfassungsfeindlichen Organisationen am linken Rand auch als solche einzuordnen und zu verbieten. So wirkungslos das Verbot der Plattform also ist, so erfrischend ist immerhin der Aufschrei der linksgrünen Extremisten-Meute und ihrer Sympathisanten.

Eine von ihnen, Julia Schramm, fürchtet gar, die ANTIFA werde nun zur terroristischen Vereinigung erklärt und sie oder einer der linksextremen Mitstreiter "als RädelsführerIn verknackt". Dies wäre durchaus wünschenswert. Denn die staatlich alimentierte und von den Parteien mitgetragene ANTIFA spielt eine Hauptrolle im organisierten Linksextremismus. Sie lässt es nicht nur an jeglicher Abgrenzung zur Gewalt fehlen, sondern auch an einem klaren Bekenntnis zu Rechtsstaat und Verfassung. In Teilen der Vereinigten Staaten wird sie deshalb bereits als Terrororganisation eingestuft, während ihre Mitglieder bei uns den Ritterschlag ehrenvoller Aktivisten genießen.

Solange Deutschlands Redaktionen linken Extremismus wohlwollend und relativierend begleiten, wird es in der Gesellschaft kein Umdenken geben. Und solange unser Staat linke Extremisten finanziert, ist das Vorgehen gegen eine einzelne Plattform nicht mehr als Wahlkampfgetöse. Unterdessen warnt das Bundeskriminalamt vor Vergeltungsschlägen der linken Szene. Lieschen Müller wird aber auch dies nicht die Augen öffnen. Umfragen zeigen immer wieder eine erstaunlich breite Akzeptanz linksextremen Gedankenguts. Unsere Gesellschaft sieht sich drei extremistischen Hauptfeinden gegenüber, von denen die am häufigsten Genannten objektiv betrachtet die geringste Bedrohung darstellen. Dies zuzugeben, ist aber nicht im Sinne der politischen Akteure. Der kalkulierte Schlag gegen den Linksextremismus kann darüber nicht hinwegtäuschen.

Das Duellchen
Ein Plausch mit Angela Schulz und Martin Merkel

Ein grandioses Feuerwerk der Emotionen. Zwei Kandidaten, die sich nichts schenken. Eine leidenschaftliche Debatte voller gegensätzlicher Positionen. So würde ich mir ein TV-Duell drei Wochen vor der Bundestagswahl einmal wünschen. In Deutschland wird dies wohl ein Traum bleiben. Zu genau wissen die Parteien, dass sie beim Publikum am wenigsten riskieren, wenn sie Politik als Einschlafhilfe darbieten. Wer zuspitzt, wer Position bezieht, wer den politischen Gegner attackiert, kann nur verlieren in einem Land, dem nichts mehr zuwider ist als der offene Disput. Der obrigkeitshörige, harmoniesüchtige Deutsche will, dass sich seine Volksvertreter vertragen.

Politischer Streit ist ihm unangenehm. Vor allem möchte er sich mehrheitlich gar nicht recht einmischen. Eine lebendige Demokratie macht ihm Angst. Nicht ohne Grund ist Deutschland in acht der letzten zwölf Jahre von einer großen Koalition regiert worden – ein Modell, das von den Wählern auch nun wieder favorisiert wird. Und nicht umsonst steht die Wiederwahl einer Kanzlerin bevor, die dem Land einmal das Vermächtnis hinterlassen wird, es entdemokratisiert zu haben. Wo sich einst unterschiedliche Überzeugungen gegenüberstanden, die in den beiden großen Parteien ihre jeweilige Heimat fanden, ist Politik mittlerweile zum langweiligen Schaukampf mit vorhersagbarem Ausgang verkommen.

Kein Streit mehr um die beste Lösung, kein Ringen mehr um den vielversprechendsten politischen Kurs. Einigkeit, wohin man schaut, mal abgesehen von der Frage, wer die gleiche vieler gleicher Ideen wohl zuerst hatte. In einem Staat, in dem sich die beiden größten Parteien kaum mehr unterscheiden, ist es letztlich fast egal, wer regiert. Zumal, wenn die Kanzlerin Angela Merkel heißt und genauso gut die Vorsitzende der SPD oder der Grünen sein könnte. Wer etwas erwartet hatte vom großen TV-Duell, hat wohl lange nicht in diesem Land gelebt. Dabei gäbe es viel zu tun: Statt Wohlfühlphrasen, Willkommensappellen und der Jagd auf vermeintliche Hetzer bedürfte es eines entschlossenen Handelns gegen den Terror, klarer Ansagen an den Islam und eines vorbehaltlosen Bekenntnisses zu Verfassung und Rechtsstaat.

Doch lieber lässt sich die Berufspolitik von gemeinwohlschädlichen Nichtregierungsorganisationen, ideologisierten Journalisten und besessenen Öko-Stalinisten diktieren, was sie zu tun hat. Und Martin Schulz? Der hatte an diesem TV-Abend kaum eine Chance. Ein unbelasteter Kandidat hätte Angela Merkel ihr krasses Versagen auf allen großen Politikfeldern vorhalten können. Nicht so der Berufspolitiker aus Brüssel, der sich seither so gerne als kleiner Mann aus Würselen gibt. Er hat die irre Euro-Politik ebenso sehr zu verantworten wie Merkel, hat den Hurra-Schrei über die millionenfache Zuwanderung noch lauter ausgestoßen als die Kanzlerin und buhlt noch offensichtlicher um die muslimische Zuneigung.

So war das Duell schon deswegen keines, weil sich zwei trafen, bei denen Unterschiede kaum auszumachen sind. Phasenweise schien der Herausforderer der Kanzlerin gar applaudieren zu wollen. Und wenn das heftige Kopfnicken des SPD-Vorsitzenden gerade einmal nicht von den Kameras eingefangen wurde, fiel Schulz seiner Mitstreiterin belobigend ins Wort, um ihr Respekt zu zollen und sie seiner Zustimmung zu versichern. Ein einziges Mal konnte Schulz Merkel überraschen: Wie aus dem Nichts verkehrte er eine bisherige SPD-Position ins Gegenteil und schlug die Tür zum türkischen EU-Beitritt mit einem lauten Krachen zu.

Für einen kurzen Moment konnte man erahnen, welches Potential in einem solchen Abend hätte stecken können. Merkel, die sich so gerne um klare Antworten drückt, sah sich plötzlich genötigt, den Überbietungswettkampf anzunehmen – und fühlte sich sichtlich unwohl angesichts der erzwungenen Festlegung. Ein fast nicht mehr vermutetes Highlight in einer belanglosen Plauderrunde. Doch es gab noch eine weitere Überraschung: Sind die Moderatoren normalerweise brave Stichwortgeber, übten sie an diesem Abend tatsächlich einmal den Beruf des Journalisten aus. Beharrlich fühlten sie den politischen Zwillingen auf den Zahn. Nicht die Berufspolitiker, sondern die vier Befrager schienen den Abend nutzen zu wollen, um Punkte beim Publikum zu sammeln. Die Zuschauer sahen am Ende Merkel vorne. Ein verwandelter Elfmeter ohne Torwart – es war alles so schrecklich vorhersehbar.

Myanmar am Pranger
Der wehrhafte Staat als Zielscheibe der Journalisten

Wer derzeit die Nachrichten verfolgt, wird unweigerlich mit einem Konflikt konfrontiert, der sich im fernen Asien abspielt. Aus dem zwischen Bangladesch und Thailand gelegenen Myanmar wird berichtet, dass Buddhisten systematisch Jagd auf eine muslimische Minderheit machen. Die sich "Rohingya" nennende religiöse Gruppierung ist eine von 135 verschiedenen Ethnien im ehemaligen Birma und beansprucht einen Teil des Landes im Nordwesten für sich, weil dieser angeblich schon vor eintausend Jahren muslimisch geprägt gewesen sei. Zwar haben Historiker herfür keinerlei Belege gefunden, doch schert dies die vielfach illegal eingewanderten "Rohingya" nicht.

Von der Regierung Myanmars als Volksgruppe nicht anerkannt, besetzen sie ein Areal auf dem Staatsgebiet an der Grenze zu Bangladesch, um dort einen islamischen Gottesstaat zu errichten. Seit der Unabhängigkeit Myanmars 1948 gab es immer wieder blutige Auseinandersetzungen. Jetzt ist der weit ins letzte Jahrhundert zurückreichende Konflikt neu entflammt, nachdem paramilitärische "Rohingya"-Einheiten mehrere Polizeistationen angegriffen hatten und Myanmars Armee zum Gegenschlag ausholte. Ungewohnt aufmerksam begleitet die deutsche Medienzunft die Krise. Taugen Kämpfe in fernen Regionen ansonsten bestenfalls fürs "Auslandsjournal", schafft es Myanmar derzeit spielend auf die Titelseiten.

Gierig stürzen sich die Redaktionen auf einen Konflikt, in dem sie Muslime als Opfer darstellen können. Dabei lässt sich die höchst willkommene Botschaft verbreiten, dass nicht nur der Islam, sondern sogar der friedvolle Buddhismus religiösen Fanatismus hervorbringe. Unter völliger Missachtung von Ursache und Wirkung wird der Eindruck erweckt, hier jage ein Regime Andersgläubige aus dem Land, um den eigenen religiösen Absolutheitsanspruch durchzusetzen. Dabei dürfen sich die Journalisten sicher sein, dass ihr Publikum nicht die Zeit findet, sich in historische Fakten einzuarbeiten. Die von den Engländern aus dem muslimischen Bangladesch in ihre damalige Kolonie Birma hereingeholten Zwangsarbeiter, zu denen sich später muslimische Seenomaden gesellten, sorgen nämlich seit Jahrzehnten für Unruhe.

Sie haben sich radikalisiert und werden inzwischen von ultrakonservativ-sunnitisch geprägten Staaten wie Saudi-Arabien und Pakistan unterstützt, die mit dem "IS" paktieren. Bezeichnenderweise nennen Deutschlands Journalisten die "Rohingya" trotz zahlreicher Hinweise auf eine Zusammenarbeit mit radikal-islamischen Gruppen jedoch bewundernd Rebellen, ganz wie wir es aus den Bürgerkriegen im Mittleren Osten kennen. Myanmars Demokratie-Ikone, Friedensnobelpreisträgerin Aung San Suu Kyi, bezichtigen sie hingegen der Komplizenschaft mit einem Unrechtsregime. Schon wird die Aberkennung des Nobelpreises gefordert – wer sich dem Islam entgegenstellt, macht sich eben zur "Persona non grata".

Die Berichterstattung über Myanmar reiht sich ein in eine lange Kette journalistischer "Glanzleistungen", die stets das Ziel verfolgen, Muslime als Opfer darzustellen – und den Islam als verfolgte Religion. Inzwischen bin ich es leid. Ich habe keine Lust mehr darauf, dass gefühlte drei Viertel aller Nachrichten sich um den Islam drehen. Ich will nicht mehr vom Aufstehen bis zum Schlafengehen damit konfrontiert werden, wie sich die Mitglieder einer bestimmten Religionsgemeinschaft gerade fühlen, was sie fordern, was ihnen fehlt oder was ich zu ihrer Zufriedenheit beitragen kann. Ich möchte keine Debatten mehr darüber führen müssen, wie eine einzelne religiöse Bevölkerungsgruppe integriert werden könnte, während sich alle anderen Gruppen ohne viel Aufhebens einfügen.

Ich habe auch kein Interesse mehr an Journalisten, die mich belehren, dass ich völlig falsch liege, wenn ich denke, dass es ja nun kein Zufall sein kann, wenn der Islam an so vielen großen Brandherden dieser Welt beteiligt ist. Ich ertrage es nicht mehr, dass einer Religion eine Sonderrolle, spezielle Aufmerksamkeit und allerlei relativierende Attribute verliehen werden. Ich will einfach in einem ganz normalen Land mit Berichterstattern leben, die keine Politik machen, und Politikern, die sich nicht selbst für die Nachricht halten. In diesem Land will ich Journalisten sagen hören, dass Myanmar zwar weit entfernt von einer Demokratie ist, aber jedes Recht und die Pflicht hat zu verhindern, dass sich eine radikal-religiöse Gruppierung eines Teils des Staatsgebietes bemächtigt.

Die Macht der Parteien
Der Bundestag immunisiert sich gegen die Wähler

Seit Jahren zeige ich auf, wie sich die politischen Parteien in Deutschland unsere Demokratie immer weiter einverleiben. Mehr als einmal habe ich an die Bürgergesellschaft appelliert, den Abschottungsstrukturen des Parteienstaates mit seinen Selbstbedienungsbudgets und Demokratieumgehungen zu begegnen. Von der Kandidatenauswahl für die Parlamente, über die Mitbestimmung der Bürger bei wichtigen politischen Weichenstellungen, bis hin zur Direktwahl führender Staatsämter reicht die Liste der Vorschläge. Auch die Verankerung persönlicher und fachlicher Zugangsvoraussetzungen für die Berufspolitik, die Einführung einer Amtshaftung und die Begrenzung von Amtszeiten gehören dazu.

Am dringendsten erscheint jedoch das Kappen der üppig in die Parteikassen fließenden Steuergelder und das Aufbrechen der intransparenten Finanzbeziehungen zwischen den Parteien und ihren jeweiligen Stiftungen. Längst hat sich ein Apparat verselbständigt, der von den Vätern der Demokratie dazu erdacht worden war, bei der politischen Willensbildung des Volkes mitzuwirken, sich heute aber als dessen Vormund versteht. Zugleich hat sich die Berufspolitik immer weiter von der Bevölkerung entfernt. So sehr, dass sie inzwischen in einer Parallelwelt um sich selbst kreist. Aus ihren Elfenbeintürmen regieren mächtige Koalitionen an Wahlvolk und Parlamenten vorbei.

Gerade einmal 1,3 Millionen Menschen sind hierzulande Mitglied einer politischen Partei. Ein Bruchteil von ihnen betätigt sich aktiv, kandidiert für kommunale und überregionale Parlamente oder arbeitet in offiziellen Parteifunktionen mit. Ein noch viel kleinerer Teil steuert alles, was in diesem Land politisch entschieden wird. So kann Demokratie nicht funktionieren. Doch wer dies bemängelt, muss sich vorhalten lassen, er solle einer Partei beitreten, nur dort könne man Demokratie aktiv gestalten. Dies ist ein gerne gewähltes Totschlagargument, das an der Realität allerdings vorbeigeht. Die sieht nämlich so aus, dass ein fast undurchdringlicher innerer Zirkel weniger hochrangiger Parteifunktionäre bestimmt, wer Zugang zu Ämtern, Mandaten und Gremien bekommt.

Zwar entscheiden offiziell Parteitage und Mitgliederversammlungen über die Besetzung von Gremien und Wahllisten, doch haben die Parteifürsten in aller Regel zuvor dafür gesorgt, dass ihnen genehme oder zumindest ungefährliche Kandidaten gekürt werden. Ähnlich verhält es sich in der Regel mit Parteitagsdelegierten, die handverlesen werden, um unliebsame Abstimmungsergebnisse zu vermeiden. Trotz aller Vorbereitung liefert eine Inszenierung nicht immer das gewünschte Ergebnis, doch passiert dies derart selten, dass Abweichungen von den geplanten Wahlausgängen stets einem Erdbeben gleichkommen. Da passt es ins Bild, dass es als "Kampfkandidatur" gilt, sich neben dem erklärten Wunschkandidaten der Parteispitze für eine Aufgabe zu bewerben.

Immer geht es um Macht. Vor allem in der Berufspolitik, in der die Existenz der meisten Mandatsträger vom Parteienstaat abhängt. Aber auch jene Parteivordere, die ihre Schäfchen im Trockenen haben, denken oft nur noch in Machterhaltungskategorien. Prinzipien und Überzeugungen stören da nur. Lästige Diätendiskussionen erst recht. Und so haben die Parteien längst dafür gesorgt, dass ihre Berufsparlamentarier per Steigerungsautomatik entlohnt werden. Auch die Basissätze für die Parteienfinanzierung wurden angehoben und die Regularien überarbeitet, um lästige neue Mitbewerber abzuwehren. Nun soll die Ausdehnung der Wahlperiode den Bundestag länger gegen den Willen der Wähler immunisieren. Parteiübergreifend herrscht Einigkeit, das Projekt zügig angehen zu wollen.

Wer 2021 ins höchste deutsche Parlament gewählt wird, darf sich dann fünf Jahre lang über mehr als € 10.000 pro Monat freuen – künftige Steigerungen noch nicht eingerechnet. Da reicht bereits eine Legislaturperiode, um als Volksvertreter bis zu einer Dreiviertelmillion Euro einzustreichen. Dafür brauchen viele der Vertretenen ein ganzes Berufsleben. Zusätzlich verschaffen sich die Bundestagparteien immer mehr Abgeordnetenplätze, indem verfassungsrechtlich wiederholt angemahnte Reformen zur Eindämmung der Überhang- und Ausgleichsmandate auf die lange Bank geschoben werden. Und so wird der 19. Deutsche Bundestag der größte sein, den es jemals gab. Der Parteienstaat ist außer Kontrolle geraten. Wir Bürger haben zu lange zugeschaut.

Merkels Machtgier
Von einer Frau, die nicht merkt, dass es vorbei ist

Wer dieser Tage einen der unzähligen Fernseh-Polittalks verfolgt, könnte glauben, in eine Zeitmaschine geraten zu sein. Man fühlt sich zurückversetzt ins Jahr 1989, so sehr erinnern die Verlautbarungen des Führungspersonals der aus dem Amt gejagten Bundesregierung an den unbeugsamen Starrsinn des untergehenden Politbüros der DDR. "Alles richtig gemacht", lautet die Devise, "Immer weiter so", der Schlachtruf. Vor allem die CDU-Spitze offenbart ein Ausmaß an Realitätsverweigerung, das Angst macht.

Die jeder Wirklichkeit entrückte Kanzlerin und ihre Getreuen haben auch eine Woche nach ihrem verheerenden Debakel bei der Bundestagswahl nicht im Ansatz begriffen, was ihnen die Bürger in großen Lettern ins Stammbuch geschrieben haben. Nur noch ein knappes Drittel der Wähler kann sich für die Union erwärmen – das schlechteste Ergebnis seit 1949. Abgestraft für ihr völliges Versagen in der Euro-, Einwanderungs- und Energiepolitik, ist der Kanzlerwahlverein aus CDU und CSU im Vergleich zu 2013 um satte achteinhalb Prozentpunkte abgerutscht. Betrachtet man nur Merkels CDU, so haben ihr nicht einmal mehr 12,5 Mio. Wähler das Vertrauen geschenkt. Von einer Volkspartei zu sprechen, verbietet sich da fast schon. Im Zusammenhang mit dem bisherigen Koalitionspartner von der SPD möchte man diesen Begriff lieber gar nicht mehr in den Mund nehmen.

Wer möchte da künftig noch von einer "großen" Koalition sprechen? Aber die ist nun sowieso erstmal Geschichte. Da die SPD bockt, muss Merkel die unterschiedlichsten Kleinparteien an sich binden, um an der Macht zu bleiben. Schwer fällt ihr das nicht, verfügt sie doch selbst über keinerlei politische Prinzipien. Ihre bis zur Unkenntlichkeit entkernte CDU kann im Jahr 2017 nahezu überall andocken und findet so immer eine beliebige Zahl an Koalitionspartnern. Erstmals in der Nachkriegsgeschichte könnte es nun ein Viererbündnis geben, damit die mit der Selbstverständlichkeit einer Staatsratsvorsitzenden herrschende Kanzlerin weiterregieren kann. Zwar würde sich dies weit weniger bequem gestalten als die Liaison mit der SPD, doch kann es Merkels CDU letztlich egal sein, wie viele andere Fraktionen sie sich ähnlich der SED einverleiben muss, um ihre Herrschaft abzusichern.

Währenddessen denkt die in einem Paralleluniversum um sich selbst kreisende und von ihren medialen Satelliten beklatschte CDU-Vorsitzende gar nicht daran, persönliche Konsequenzen aus dem vor allem ihr anzulastenden Desaster zu ziehen. Stattdessen begreift sie es als klare Bestätigung ihrer Politik, dass ihr der "Große Bruder" aus Brüssel Glückwunschgirlanden bindet und die Riege der Bruderstaaten artig gratuliert, ein Ritual, das ihr von den Volkskammerwahlen bestens vertraut ist. Kalt dürfte es Merkel trotzdem nicht lassen, dass nur noch wenig mehr als ein Viertel der Wähler ihre CDU wollen. Umso trotziger verkündet sie, nichts falsch gemacht zu haben.

Noch hätte die Kanzlerin die Chance, sich mit Anstand zurückzuziehen. Doch sie wird es nicht tun. Dabei hat ihre Demontage längst begonnen. Immer häufiger trauen sich führende Parteikollegen aus der Deckung, nachdem das Raunen in Berlin zuletzt lauter geworden war. Sachsens CDU-Ministerpräsident Stanislaw Tillich wurde nun deutlich: "Die Leute wollen, dass Deutschland Deutschland bleibt", las er seiner Parteichefin öffentlich die Leviten. "Mitte rechts" sei der Weg, den die Union einschlagen müsse, um politisches Terrain zurückzuerobern. Dass dies mit Merkel nahezu ausgeschlossen ist, braucht Tillich ebenso wenig hinzuzufügen wie Horst Seehofer. Der dürfte mit seiner CSU im Jahr der Bayerischen Landtagswahl für viel Unruhe sorgen.

Aber auch zahlreiche andere Konservative innerhalb der Union werden zunehmend aufbegehren, wenn sie ihre Positionen durch faule Kompromisse mit dem grünen Koalitionspartner immer weiter verwässert sehen. Dann dürfte es auch für die Kanzlerin eng werden. Erich Honecker wurde vom Politbüro gestürzt, als selbst die bestellten Statisten die Buhrufe bei seinen öffentlichen Auftritten nicht mehr übertönen konnten. Er verstand nicht, warum ihn sein Volk nicht mehr liebte, hatte eine Heerschar eifriger Helfer die Realität doch jahrelang geschickt vor ihm zu verbergen gewusst. Vor Angela Merkel verbirgt niemand etwas. Ihre Realitätsferne ist nicht zu erklären. Das wiederum unterscheidet sie von Erich Honecker.

Ein bisschen Frieden
Horst Seehofer und das Ende der Obergrenze

Es war ein albernes Laienschauspiel, das da am Sonntagabend rechtzeitig zur Tagesschau zu Ende ging. Mit großem Eifer hatten sich die Medien bemüht, auf Spannung zu machen, hatten beinahe unüberwindliche Einigungshürden aufgestellt, gar eine "Nacht der langen Messer" herbei fabuliert. Doch dann ging alles ganz schnell. Das laute Getöse aus Bayern verstummte, wie so viele Male zuvor. Erklärte Sieger, wohin man sah, wie immer in der Politik, wenn sich Verlierer den Kameras präsentieren. Horst Seehofer darf noch ein bisschen weitermachen, Angela Merkel sowieso, und irgendwie haben alle ihren Frieden.

Die Zuwanderungsobergrenze ist vom Tisch – und doch kann der CSU-Chef stolz die Zahl verkünden, die vorerst sein politisches Überleben sichern soll. Denn der "humanitäre Zuzug", also die Aufnahme sogenannter subsidiär Geschützter und jener, für die ein Abschiebeverbot gilt, soll begrenzt werden. Auf eben jene 200.000 Personen pro Jahr, die Seehofer so vehement gefordert hatte. Eine Zusage, die der Kanzlerin kaum eine schlaflose Nacht bereiten dürfte, wurde diese Zahl doch nur im Horrorjahr 2016 erreicht. Hinzu kommt aber der Familiennachzug, der gänzlich ohne Asylverfahren stattfindet, weil keine weiteren Anträge zu stellen sind, sobald ein Familienmitglied Asyl genießt.

Alle wissen, dass damit die 200.000-Marke nicht zu halten sein wird. Und so werden die Regierenden am Ende auf ihre Begrenzung pfeifen und stattdessen auf die integrationspolitische Bedeutung des Nachzugs verweisen. Nicht begrenzt wird hingegen auch künftig die Zuwanderung von Wirtschaftsmigranten. Diese machten laut Bundesamt für Migration und Flüchtlinge den weit überwiegenden Teil der Völkerwanderung der vergangenen Jahre aus und waren der eigentliche Anlass dafür, dass die CSU eine Obergrenze gefordert hatte. Seehofers scheinbar gesichtswahrender Kompromiss ist daher bei genauer Betrachtung eine grandiose Pleite.

Denn der CSU ging es wie den vielen Millionen übrigen Merkel-Kritikern darum zu verhindern, dass weiterhin hunderttausende junge Männer mit archaischem Frauen- und Familienbild, rudimentären Schulkenntnissen und mangelnder Anpassungsbereitschaft aus wirtschaftlichen Gründen nach Deutschland drängen, ohne wirkliche Perspektive auf Integration. Und eben diese Gruppe hauptsächlich muslimischer Wirtschaftsmigranten darf weiterhin ihr Glück versuchen und darauf vertrauen, dass kaum jemand abgeschoben wird. Die sogenannte Obergrenze wird es also nur auf dem Papier geben, zumal der Kompromiss den unmissverständlichen Hinweis enthält, dass auch künftig kein Asylsuchender abgewiesen werde. Der Asylantrag ist schon die halbe Miete, denn die Erfahrung zeigt, dass die meisten Ausreisepflichtigen letztlich hierbleiben dürfen.

Mit leeren Händen reist Seehofer in die Heimat zurück. Es wird nicht lange dauern, bis dies auch seinen Wählern bewusst wird. Die Quittung wird die CSU bei der Landtagswahl erhalten. Gleichwohl war es zu erwarten, dass sich die Union zusammenraufen würde. Zu viel steht auf dem Spiel. Nicht nur politisch, sondern auch persönlich. Denn für einen Großteil der Parlamentarier von Union, Grünen und FDP könnten Neuwahlen bedeuten, dass sie ihr sicheres Mandat an einen anderen verlieren. Wer will das schon riskieren? Immerhin geht es um nicht weniger als den "Jackpot Bundestag". Auf nach Jamaika, heißt es daher also in Kürze.

Doch, was so wunderbar exotisch klingt, so cool nach Freiheit und Abenteuer, ist nichts weiter als ein verzweifeltes Konstrukt, um eine seelenlose CDU an der Macht zu halten. Grüne und FDP muss man nicht lange bitten. Dabei ist der Unions-Kompromiss eine vertane Chance. Man hätte die Debatte nutzen können, um die Öffentlichkeit zwei Jahre nach Merkels Grenzöffnungsdekret darüber aufzuklären, wie der Flüchtlingsbegriff definiert ist. Zwar ist dies in den Genfer Konventionen und im deutschen Asylrecht nachzulesen, doch hält sich hartnäckig der Irrglaube, jeder sei ein Flüchtling, der mit traurigen Augen und leeren Händen über die Grenze marschiert. Seehofers Theater war daher nur ein Scheingefecht. Wir brauchen keine Obergrenze, sondern ein Einwanderungsgesetz, um uns aussuchen zu können, wer zu uns passt. Mit Asylfragen hat dies rein gar nichts zu tun.

Der Merkel-Malus
Niedersachsens Wähler weisen der Kanzlerin die Tür

Sie hatte sich mächtig ins Zeug gelegt. Gleich fünf Mal war Angela Merkel im kurzen niedersächsischen Wahlkampf für die CDU in den Ring gestiegen. Drei Wochen nach dem desaströsen Abschneiden bei der Bundestagswahl wollte sie dafür sorgen, die letzte verbliebene CDU-Machtoption "Jamaika" im künftigen Landtag in Hannover zu installieren, um danach leichtes Spiel in Berlin zu haben. Vor allem aber wollte sie allen beweisen, dass das schwächste Abschneiden auf Bundesebene seit 1949 nur ein Ausrutscher war. Es wurde ein bitterer Abend. Denn die herbe Schlappe der niedersächsischen CDU geht vor allem auf Merkels Konto. Auch an der Leine haben immer weniger Menschen Lust auf die Ex-Konservativen.

Mit dem schlechtesten Niedersachsen-Ergebnis seit 1959 muss die CDU erstmals seit fast 20 Jahren der SPD den Vortritt lassen. Nun ist alles offen: Zur Neuauflage von Rot-Grün reicht es nicht, die FDP hat schon abgewunken und die CDU wird sich einer "Großen Koalition" so lange wie möglich verweigern, um vielleicht doch noch ein schwarz-grün-gelbes Bündnis schmieden zu können, falls die SPD keine Partner findet, mit denen es zum Regieren reicht. Wie immer es auch kommt: Die niedersächsische Hängepartie wird die Sondierungsgespräche der "Jamaika"-Bundestagsfraktionen belasten. Und sie schwächt die Position der angezählten CDU-Vorsitzenden weiter.

"Sie kennen mich", war einst das Versprechen, mit dem die Kanzlerin ihre CDU zum Sieg führte. Voll blinden Vertrauens folgten ihr die Menschen. Heute wirkt Merkels Leitspruch auf viele Wähler eher wie eine Drohung. Und so ließ am niedersächsischen Wahlabend auch manche Äußerung aus den Reihen der Union den Unmut darüber erkennen, dass eine Vorsitzende, die allem Konservativen abgeschworen hat, zum Mühlstein geworden ist. Mancher fragt sich bereits, ob sich mit ihr noch Wahlen gewinnen lassen. Nächste Station ist Bayern, wo die CSU weit von der gewohnten Mehrheit entfernt ist, solange Angela Merkel das Kanzleramt besetzt.

Es gehört zu den neuen Realitäten, dass Parlamente künftig aus mindestens fünf Fraktionen bestehen und die großen Parteien kaum noch in der Lage sein werden, mit nur einem kleinen Partner zu regieren. Die Merkel-CDU hat es mit Omnikompatibilität versucht, oder anders gesagt: Mit Beliebigkeit. Die Rechnung schien aufzugehen, trotz der enormen Verluste bei der Bundestagswahl. Doch eine Gesellschaft, die in fundamentalen Fragen gespalten ist, braucht keine Beliebigkeit, sondern einen echten politischen Diskurs, wie ihn nur Parteien mit einem klarem Profil führen können. Es dürfte die falsche Strategie sein, die eigenen Machtoptionen mit inhaltlicher Leere erweitern zu wollen. Wie groß die Sehnsucht nach einer konservativen Partei ist, zeigen die Erfolge der AfD, die nun in 14 Landtagswahlen hintereinander den Parlamentseinzug geschafft hat.

Ungemach droht Merkel aber noch von einer ganz anderen Seite. Es ist eine Ironie des Schicksals, dass ausgerechnet am Abend der bitteren Niedersachsen-Pleite eine Partei in Österreich haushoch gesiegt hat, deren Spitzenkandidat vor allem in der Zuwanderungspolitik diametral gegensätzliche Positionen zur Bundesregierung vertritt. Mit der bevorstehenden Ernennung von Sebastian Kurz zum österreichischen Kanzler wird Merkel nach ihrem innenpolitischen Desaster auch auf europäischer Bühne geschwächt. Und die Verschiebungen im politischen Koordinatensystem Österreichs haben eine weitere Dimension: Es deutet sich an, dass die "Grüne Alternative" dem Nationalrat künftig nicht mehr angehören wird. Zwar gilt nur eine 4%-Hürde, doch hatte man vor der Auszählung der Briefwahl nicht einmal diese übersprungen.

Wie auch immer es letztlich ausgehen wird – fest steht, dass Österreichs Grüne in nur vier Jahren zwei Drittel der Zustimmung verloren haben. Zwar sieht es für die deutschen Kollegen nicht ganz so übel aus, doch sind auch sie die großen Verlierer des niedersächsischen Wahlabends. Für die Sonnenblumenanbeter sind Landtagswahlen heute keine Selbstläufer mehr. Eine Regierungsbeteiligung auf Bundesebene käme da als Rettung wie gerufen. Die Niedersachsen-Wahl hat hierzu allerdings mehr Fragen aufgeworfen als Antworten geliefert. Nur eines scheint festzustehen: Angela Merkel wird zwar als Kanzlerin ins Rennen gehen dürfen – ihr Nachfolger wird jedoch ab sofort gesucht.

Hemmungslose Hetzer
Der erbitterte Kampf des linken Hasskartells

Als Anfang 2017 ein gewisser Donald Trump zum Entsetzen der Medienmeute ins Weiße Haus einzog, war dies der Startschuss für eine nie dagewesene Hetzkampagne. Nicht zuletzt die linkspopulistischen Politmagazine verloren sämtliche Hemmungen. "Spiegel"-Titelbilder zeigten den amerikanischen Präsidenten mal als blutrünstigen Schlächter, mal als tödlichen Kometen, der alles irdische Leben vernichtet. Noch diffamierender fielen die Verbalinjurien aus, an denen sich bald auch das Feuilleton und selbst der Sportjournalismus mit Wollust beteiligten. Die von den Medienschaffenden verbreiteten und von deren politischen Gesinnungsgehilfen befeuerten Herabwürdigungen sind inzwischen salonfähig.

Immer weiter werden die Grenzen des Sagbaren verschoben, immer hemmungsloser agiert das linke Hasskartell. Die selbsternannten Guten schrecken nicht einmal mehr vor offenen Aufrufen zur Gewalt zurück. Dass Angriffe auf Leib und Leben Teil der linken Protestkultur sind, ist nichts Neues. Alle Tabus sind aber gefallen, wenn das Satire-Blatt "Titanic" zum Mord an Österreichs nächstem Kanzler Sebastian Kurz anstiftet, oder im "Spiegel" die "Neudefinition des Begriffs linker Aktivismus" gefordert und kein Zweifel daran gelassen wird, dass damit mehr Gewaltbereitschaft gemeint ist, wie sie Linksextreme auf der jüngsten Frankfurter Buchmesse ausgelebt haben.

Den Ausschreitungen gegen Vertreter konservativer Verlage war ein Appell der Ausrichter zu mehr Zivilcourage "gegen rechts" vorausgegangen, der ganz offensichtlich Wirkung zeigte. Aufgeheizt wie nie ist das Klima, immer tiefer verlaufen die gesellschaftlichen Gräben. Schuld ist allerdings weniger die "Neue Rechte", wer auch immer dies sein mag, als vielmehr die Heerschar wildgewordener "68er", die in ihrem traurigen Kampf gegen den eigenen Bedeutungsverlust in immer neue Extreme verfällt, um Menschen mit abweichenden Grundhaltungen gesellschaftlich zu eliminieren. Nun also ruft "Titanic"-Herausgeber Martin Sonneborn seine Leser dazu auf, den als "Baby-Hitler" verunglimpften Kurz zu töten.

Der Vorsitzende einer Spaßpartei, der das EU-Parlament zur persönlichen Bereicherung und Belustigung missbraucht, gibt dabei Österreichs designierten Bundeskanzler in einer über die sozialen Netzwerke verbreiteten Karikatur per Fadenkreuz zum Abschuss frei. Zwar hat zumindest Facebook umgehend reagiert und Sonneborns Nutzerkonto für 30 Tage gesperrt, ob er jedoch am Ende juristisch zur Rechenschaft gezogen wird, darf nach aller Erfahrung bezweifelt werden. Mit der öffentlichen Aufforderung zu Straftaten gegen die "Richtigen" kann man durchaus schon einmal davonkommen. Noch weniger zu befürchten hat Sibylle Berg, die seit vielen Jahren für den "Spiegel" schreibt und ihr Werben für mehr Gewalt gegen Rechte mit der Feststellung schmückt, "die Zeit des Redens" sei vorbei.

Ähnlich wie bei den zahlreichen Gewaltaufrufen linker Extremisten im Internet, wird auch in diesem Fall kein Staatsanwalt einen Finger krümmen. Doch die Nachsicht Deutschlands mit linken Hetzern kann nicht darüber hinwegtäuschen, dass eine Zeitenwende bevorsteht. In immer mehr Ländern Europas regt sich Widerstand gegen eine Politik, die zentralistische Allmachtsphantasien hegt, anti-bürgerliche Stimmungen schürt und an weiten Teilen der Bevölkerung vorbeiregiert. Die Erfolge konservativer Parteien lassen sich keinesfalls auf das Votum abgehängter Unzufriedener reduzieren, sondern markieren die bewusste Distanzierung mündiger Bürger von einem politischen Establishment, das die staatliche Handlungsfähigkeit und den gesellschaftlichen Frieden aufs Spiel setzt.

Zwar fallen Revolutionen in Deutschland besonders mild aus, doch hat auch die Bundestagswahl einen Fingerzeig geliefert, wenngleich bislang ohne politische Konsequenzen. In Österreich ist man da weiter. In Frankreich auch. In Tschechien, Ungarn, Polen und der Slowakei sowieso. Deutschlands "politische Elite" muss sich entscheiden, ob sie den Mut hat, die Verirrungen der letzten Jahre zu korrigieren, oder sich zum Geisterfahrer in einem Europa macht, dessen Bürger von ihren Regierungen verlangen, die Sicherheit auf dem eigenen Territorium wiederherzustellen, illegale Einwanderung zu stoppen und die Werte der Aufklärung zu verteidigen. Gegen diese Bürger und ihre Vertreter zu hetzen, heißt zu riskieren, dass das Herz Europas statt im Westen bald im Osten schlagen könnte.

Verrücktes Deutschland
Die Mehrheit will von einer Sekte regiert werden

Nun dämmert auch der FDP, was die CSU längst begriffen hat: In einer Bundesregierung kann es eine partnerschaftliche Zusammenarbeit mit den Grünen nicht geben. Zu keinerlei Kompromissen bereit, rückt die Bevormundungs- und Verbotspartei nicht einen Millimeter von ihren Maximalpositionen ab. Sowohl in Energie- und Umweltfragen, als auch in der alles überlagernden Zuwanderungspolitik liegen Welten zwischen den Grünen und den übrigen Verhandlungspartnern. Doch während sich diese den Kopf darüber zerbrechen, wie man auf einen gemeinsamen Nenner kommen könnte, beharrt die kleinste der drei Fraktionen auf ihren surrealen Forderungen.

100 % Ökostrom und das Ende des Verbrennungsmotors für das Jahr 2030 festschreiben zu wollen, ist so gemeinwohlschädlich wie das Postulat einer ungeregelten Zuwanderung, einer ungebremsten Ausweitung des Familiennachzugs und einer Abschiebequote nahe Null. Von den grünen Träumereien einer europäischen Transferunion ganz abgesehen. Keine andere Partei könnte sich diesen sektengleichen Habitus leisten. Doch die Umerzieher im Gewand der Wohlmeinenden wissen, dass sich am Ende alle fügen werden. Zu groß ist die Angst der politischen Konkurrenz vor der grünen Journaille. Und so darf eine Gruppierung, die einen Bruchteil der Gesellschaft repräsentiert, über 83 Millionen Menschen herrschen.

Und das, obwohl sie nur gut vier Millionen Mal gewählt worden ist. Doch offenbar will niemand den Teufelskreis durchbrechen. Deutschland ist weit davon entfernt, sich von einer Sekte zu befreien, die das Land seit Jahrzehnten im Würgegriff hält. Sehnsüchtig schaut man da nach Österreich, wo die Wähler jetzt vorgemacht haben, dass es kein Traum bleiben muss, eine Gruppierung aus dem nationalen Parlament zu verbannen, die dem Land wirtschaftlich und gesellschaftlich nachhaltig schadet. Wir Deutsche sind jedoch offensichtlich anfällig für grüne Angstmacherei. Zwar wurden die meisten Horrorszenarien der Erfinder von Waldsterben und Ozonloch widerlegt, doch lassen sich immer noch Millionen von Menschen einreden, Umweltzonen führten zur Reduzierung von Feinstaubkonzentrationen und Elektroantriebe hätten eine vorteilhaftere Ökobilanz als Verbrennungsmotoren.

Überhaupt muss man staunen, wie gering die Bereitschaft ist, grüne Dogmen zu hinterfragen. Man möchte eben zu den "Guten" gehören, denn es kann ja nichts Schlechtes daran sein, die Umwelt schützen zu wollen. So ehrenwert die Ziele, sollte es sich jedem halbwegs Vernunftbegabten allerdings erschließen, dass der mit deutscher Gründlichkeit gepflegte Umweltaktionismus kaum einen messbaren Klimaeffekt hat. Um Klima oder Umwelt geht es den Grünen aber auch gar nicht. Es geht ihnen einzig um die Durchsetzung ihrer Ideologie, die der Mehrheit aufgezwungen werden soll. Erreicht wird dies durch das Wecken von Schuldgefühlen und das Schüren von Angst.

In der Zuwanderungs- und Integrationsdebatte soll hingegen die Moralkeule jeden Widerspruch im Keim ersticken. Seit Jahren blockieren die Grünen die Abschiebung Ausreisepflichtiger bestimmter Herkunftsländer. In mehreren Landesregierungen sorgen sie dafür, dass selbst Intensivtäter Deutschland nicht verlassen müssen. Und wo sie es doch einmal nicht verhindern können, üben sie per "angegliederter" Nichtregierungsorganisation Druck auf die Verantwortlichen aus. Grüne Aktivisten versammeln sich dann mit Transparenten auf Flughäfen, und die umfassende Berichterstattung ihrer medialen Gehilfen suggeriert, hier hätten nicht bloß ein paar Dutzend, sondern Zehntausende demonstriert.

Nun steht der Familiennachzug im Zentrum der Debatte. Die Zahl der Nachzügler sei gering, versichern die Grünen. Dass die Realität weit davon entfernt ist, verdeutlicht folgendes Beispiel: Ein von meiner Mutter betreuter 14-jähriger unbegleiteter "Flüchtling" ist inzwischen als Asylbewerber anerkannt. Der minderjährige Afghane erwartet nun seine vierzehn Geschwister, seinen Vater und dessen zwei Frauen. Mehr als 60.000 unbegleitete Minderjährige leben hier. Der Nachzug nur für diese Zuwanderergruppe könnte also leicht eine halbe Million erreichen. Lassen wir die Grünen regieren, wird dies und noch einiges mehr Wirklichkeit. Wieso aber gestatten wir einer Sekte, die gerade einmal 5% aller Bürger vertritt, unser Leben derart radikal zu verändern? Angeblich will eine Mehrheit "Jamaika" – Deutschland muss verrückt sein!

Heulsusen-Alarm
Wenn Staatsfunker um ihre Deutungshoheit fürchten

Für die Journalisten des öffentlich-rechtlichen Rundfunks wird es ungemütlich. Immer mehr gerät das zwangsfinanzierte Staatsfernsehen unter Rechtfertigungsdruck. Ohnehin von Millionen Bürgern für ihre Propaganda verachtet, bläst den Staatsfunkern der eisige Wind nun allerdings aus einer unvermuteten Richtung ins Gesicht. Die Kollegen der Zeitungsredaktionen hatten es doch tatsächlich gewagt, dem öffentlich-rechtlichen Apparat eine zu geringe Staatsferne zu attestieren. Angeführt von der FAZ und dem Springer-Konzern, hatte die schreibende Zunft sich über die Ausdehnung der GEZ-Medien in das Online-Zeitungsangebot mokiert.

Aus Sicht der zumeist privat finanzierten Zeitungsverlage ein verständlicher Vorstoß, können sie der mit Zwangsgebühren gemästeten Konkurrenz doch wenig entgegensetzen. Zwar zeigen die Flaggschiffe der privaten TV-Sender, dass man sehr wohl auch ohne staatliche Wegelagerei erfolgreich sein kann, doch sind die Voraussetzungen im Online-Werbemarkt ungleich schlechter. Nun ist der Konflikt eskaliert. Und so sehr er sich auch an Wirtschaftsinteressen entzündet, taugt er doch für eine grundsätzliche Betrachtung. Denn natürlich bilden ARD, ZDF und deren unzählige Ableger zusammen den Staatsfunk. Und der speist sich nicht nur aus den mit unerbittlicher Härte beigetriebenen Zwangsabgaben.

Denen kann dank der fragwürdigen Aushöhlung des Datenschutzes kein Bürger mehr entkommen. Zudem werden die Sender von Rundfunk- und Fernsehräten geführt, die mehrheitlich parteipolitisch besetzt sind. Alle inhaltlichen und strukturellen Entscheidungen trifft auf diese Weise der Parteienstaat durch seine Vertreter. In ihrem Jammerbrief beklagen die öffentlich-rechtlichen Heulsusen dennoch, dass sie sich diskreditiert fühlten, wenn die Presse sie als Staatsfunk bezeichne und damit unterstelle, ihnen fehle es an politischer Unabhängigkeit. Dabei ist es letztlich egal, ob die unverhohlene Propaganda nun Folge einer bewussten politischen Steuerung oder eines außer Kontrolle geratenen Sendungsbewusstseins ist.

Der Fernsehzuschauer hat die Nase voll von Teleprompterablesern und Moderationskärtchenhaltern, die ihm ihre Ideologie aufzwingen und ihm die Fähigkeit zum eigenen Denken absprechen. Statt als Berichterstatter, denen sich persönliche Kommentierungen im Rahmen der Nachrichtenübermittlung verbieten, gebärden sich die Staatsfunker als Besserwisser und Volkserzieher. Um keine Missverständnisse aufkommen zu lassen: Die Schreibtischtäter der Zeitungsredaktionen stehen den Gesinnungsgenossen von der Mattscheibe in nichts nach. Umso haarsträubender ist der Versuch der öffentlich-rechtlichen Journalisten, die schreibenden Kollegen in die Nähe von Rechtspopulisten zu rücken, weil sie einen berechtigten Hinweis geben, der auch von anderer Stelle kommt. Das eingeübte Ritual offenbart hier seine ganze Absurdität.

Vor allem aber offenbart die Staatsjournaille eine völlige Fehleinschätzung ihrer Rolle, wenn sie fragt: "Wer soll denn die Brücken bauen, zwischen auseinanderfallenden Teilen der Gesellschaft, wenn nicht wir JournalistInnen?" Dabei ist es eben gerade nicht Aufgabe des Nachrichtenjournalismus, gesellschaftlich zu wirken. Weder darf er Gräben aufreißen, noch muss er Brücken bauen. Er soll einfach nur berichten, was ist. Dass er dazu nicht bereit ist, haben die vergangenen Jahre gezeigt – von der legendären "Hurra-Schlacht" rund um die Teddybären-Werfer über die gemeinschaftliche Bemäntelung der offenkundigen Muster alltäglicher Zuwanderungskriminalität bis hin zur besinnungslosen Islam-Besoffenheit.

Und nun also der Hype um "Jamaika", Lieblingsprojekt alternder "68er". Doch die ungeduldige Vorfreude weicht zunehmend bitterer Enttäuschung, je klarer wird, dass sich weder CSU, noch FDP den grünen Dogmen fügen. Am Sonntagabend bliesen die öffentlich-rechtlichen Sender deshalb zur Generalmobilmachung: Während in der ARD eine freudig erregte Journalistin als Stichwortgeberin für ein "Jamaika"-Testimonial vor einem übergroßen grünen Parteibanner auftrat, überzog im ZDF die Moderatorin den FDP-Chef mit Vorwürfen und Unterstellungen ob der sich verschlechternden Chancen einer grüngeführten Bundesregierung. Einen Gefallen tun sich die Staatsfunker damit nicht. Weder Bürger-, noch Kollegenschelte wird ihnen dabei helfen, ihre Deutungshoheit zu verteidigen. Und Heulsusen mag sowieso keiner.

Kretschmanns Alternativlosigkeit
Scheitert Jamaika, dann scheitert Europa

Dass Baden-Württembergs grüner Landesvater Winfried Kretschmann Angela Merkel näher steht als seiner eigenen Partei, ist kein Geheimnis. Nun übernimmt er auch ihre Strategie. Unablässig hatte uns die Kanzlerin Angst gemacht und uns eingeschworen auf die angeblich alternativlose "Rettung" der europäischen Kunstwährung. Es ist längst Allgemeinwissen: Was Merkel damals verbreitete, waren waschechte "Fake News". Und nun versucht sich Kretschmann an Merkels Alternativlosigkeit: Sollte der schwarz-grün-gelbe Traum platzen, hätte dies "wahrscheinlich ganz negative Folgen", warnt er. Neuwahlen würden "unglaubliche Instabilität nach Europa bringen".

Kretschmann weiß genau, was er da sagt. Und er weiß, warum er es sagt. Er will seine Partei schnellstens an den Schalthebeln der Macht sehen, weil er realisiert hat, dass die Grünen ein welkes Pflänzchen sind, das darauf angewiesen ist, dass es von Merkel auch weiterhin gedüngt und gegossen wird. Und so sehr sich der 69-Jährige bemüht, sein Angstszenario in mitfühlende Worte zu kleiden, ist die Botschaft so drastisch wie merkelesk: "Scheitert Jamaika, dann scheitert Europa", soll dem Publikum einhämmern, dass alles andere als der karibische Dreierbund den sicheren Untergang bedeutet. "Jeder Preis, den wir zahlen, ist geringer, als wenn es Neuwahlen gibt", droht er aber auch den Hardlinern in den eigenen Reihen.

Kretschmanns Taktik ist plump. Zwar ist Deutschland in der Tat der politische und wirtschaftliche Anker Europas, doch kommen die anderen Länder durchaus damit klar, wenn es hierzulande einmal länger dauern sollte, bis eine neue Bundesregierung übernimmt. Ganze 86 Tage hatte man etwa 2013 benötigt, bis die "Große Koalition" stand, zu einer Zeit, als die Schockwellen der Finanzkrise noch nicht recht verdaut waren und das Euro-Desaster einem neuen Höhepunkt zustrebte. Aktuell sind sieben Wochen seit der Wahl vergangen, da gibt es also noch etwas Luft. Und sollte "Jamaika" tatsächlich scheitern, dann wird es Europa auch im nächsten Jahr noch geben.

Es ist zudem keineswegs ausgemacht, dass Neuwahlen unausweichlich sind. Denn die Ex-Koalitionäre der vergangenen Legislaturperiode haben bereits einen "Plan B" in der Schublade: Sollten die aktuellen Sondierungen ergebnislos zu Ende gehen, könnte es zu einer Neuauflage der "Großen Koalition" kommen. Dies erscheint allemal wahrscheinlicher als Neuwahlen, bei denen es als sicher gilt, dass die angeschlagene geschäftsführende Kanzlerin politisch am Ende ist. Vielleicht wäre sie sogar schon bei einem "Jamaika"-Aus weg vom Fenster. Wohl deshalb meldet sich die Wahlverliererin plötzlich mit Nachdruck zu den Sondierungsbemühungen. "Ich will das", insistiert sie trotzig und sendet eine eindringliche Mahnung aus, mit dem Gerede über Neuwahlen aufzuhören. So spricht eine Frau, die spürt, dass ihre politische Zukunft auf dem Spiel steht.

Dass Merkel sich noch lange im Amt halten kann, wird aber auch im Falle eines Sondierungserfolgs immer unwahrscheinlicher. Schleichend erodiert ihre innerparteiliche Macht. Die gescheiterte Inthronisierung der ihr nahestehenden Ex-Bildungsministerin Schavan als künftige Vorsitzende der Adenauer-Stiftung und die inzwischen nicht mehr nur hinter vorgehaltener Hand formulierten Rücktrittsforderungen an die Adresse ihres Generalsekretärs Tauber sind deutliche Anzeichen dafür, dass das Lager der Gegner auch innerhalb der CDU schlagkräftiger geworden ist. Das gilt auch für die CSU, die genau genommen schon nicht mehr von Horst Seehofer geführt wird, obwohl er noch im Amt ist.

Selbst wenn also am Ende die Machtgier über die Vernunft siegt, selbst wenn Merkel noch einmal den Kanzlereid sprechen darf, ist sie im Grunde bereits Geschichte. Eine ihrer unrühmlichen Hinterlassenschaften ist das Mantra von der Alternativlosigkeit, mit dem alle Diskussionen erstickt und sämtliche Kritiker mundtot gemacht wurden. Ob Winfried Kretschmann mit der Masche der Kanzlerin ähnlichen Erfolg haben wird, bleibt abzuwarten – falls nicht, wird er zu seinem 70. Geburtstag im Mai 2018 festellen können, dass Europa den von ihm so gefürchteten "Jamaika"-Ausstieg blendend weggesteckt hat. Weitere Ausstiege blieben den gebeutelten Opfern der grünen Verbots- und Angstpolitik auf diese Weise wohl für einige Zeit erspart. Deutschland und Europa könnte dies nur guttun.

Der Tag der Befreiung
Merkels Scheitern als Neuanfang für die Demokratie

Als am Sonntag um kurz vor Mitternacht die komplette FDP-Führung vor die Kameras trat, erlebte Deutschland eine historische Stunde: Der 19. November 2017 wird als Tag der Befreiung in die Geschichtsbücher eingehen. Mit einer von vielen nicht für möglich gehaltenen Standhaftigkeit haben die Liberalen sich selbst und das Land gerettet. Nach schier endlosen Wochen des Bemühens um eine partnerschaftliche Zusammenarbeit mussten Lindner & Co. am Ende feststellen, dass ihnen offenbar als einziger Sondierungspartei Deutschlands Zukunft wichtiger war als die Sicherung der Wiederwahl Angela Merkels. Geschäftsführend darf die Kanzlerin nun weitermachen – wie lange das sein wird, ist offen.

Hatte irgendjemand Zweifel, warum es die FDP im Bundestag braucht, dann war dies der perfekte Moment, um all diese Zweifel zu zerstreuen. Keine andere Partei hätte die Möglichkeit bekommen und zugleich die Kraft gehabt, das "System Merkel" zu beenden und für eine wirkliche politische Wende zu sorgen. Die nächsten Wochen müssen zeigen, ob es zu Neuwahlen kommt, oder sich – vielleicht auch mit anderem Personal – neue Konstellationen auftun. In jedem Fall steht Deutschland vor der aufregendsten politischen Zeit seit dem Mauerfall. Wir leben in einem Land, dem es vordergründig gut geht, das aber tief gespalten und jeder Identität beraubt ist.

So groß ist der von Merkels Regierung angerichtete gesellschaftliche Schaden, dass der Wiederaufbau Deutschlands viele Jahre in Anspruch nehmen wird. Paradoxerweise muss man der Kanzlerin fast dankbar sein für die haarsträubenden Fehler ihrer Amtszeit: Die konzeptlose Zuwanderungspolitik, der naive Umgang mit dem Islam und die verkorkste Energiewende haben erst dafür gesorgt, dass eine in weiten Teilen von ihr selbst entpolitisierte Gesellschaft plötzlich die Lust an der politischen Debatte wiederentdeckt hat. Deutlich gestiegene Wahlbeteiligungen und ein leidenschaftlicher öffentlicher Diskurs zeugen von der neuen Lebendigkeit unserer Demokratie und der Lust der Bürger sich einzumischen.

Der in einer Diktatur politisierten Frau war dies unheimlich. Daher hatte die von ihr geführte "Große Koalition" zum Ende ihrer Regierungszeit noch schnell ein Gesetz durchgepeitscht, bei dem die Stasi Pate gestanden haben könnte. Doch mit der staatlichen Verfolgung missliebiger Meinungen wurde nur erreicht, dass inzwischen alle gesellschaftlichen und politischen Strömungen im höchsten deutschen Parlament vertreten sind. Und so dürfte Merkels Kanzlerschaft, die unter dem Motto der Asymmetrischen Demobilisierung stand, ironischerweise mit einer gestärkten Demokratie zu Ende gehen, in der Wähler und politische Partner ihre Rolle selbstbewusst wahrnehmen. Im Bundestag wird es künftig echte Oppositionsarbeit geben, und die Bundesregierung wird nicht länger am Parlament vorbeiregieren können, wie unter Merkel üblich.

Doch nicht nur der Geist Angela Merkels, auch das "Jamaika"-Gespenst ist vertrieben. Und niemand leidet so sehr darunter wie Deutschlands Journalisten. Mit versteinerter Miene werden uns nun die Slomkas, Miosgas und Klebers darauf vorbereiten, dass das Ende der Welt gekommen ist, weil ihre links-grünen Träume geplatzt sind. Sie werden Gift und Galle spucken, weil politisch Verantwortliche Rückgrat gezeigt haben, obwohl die Journaille geglaubt hatte, dies uns allen längst abtrainiert zu haben. Und auch die Grünen sind außer sich vor Wut, wissen sie doch, dass Merkel der letzte Strohhalm war, an den sie sich hätten klammern können. Ohne seinen Wirt ist auch der grüne Virus nicht überlebensfähig. Es droht die harte Oppositionsbank, die den Grünen wenig Profilierungspotential bieten wird.

Und noch eine Oppositionspartei wird die nächsten Wochen gespannt verfolgen: Für die Zustimmungswerte der AfD wird entscheidend sein, wie schnell sich die Union erneuert. Gelingt es der CDU, umgehend eine gestandene Persönlichkeit als Merkel-Nachfolger zu präsentieren, während die CSU sich schnell von Seehofer trennt, könnten viele Hunderttausend Wähler zu ihr zurückkehren, die aus Protest gegen Merkel zur AfD abgewandert waren. Falls nicht, dürfte neben der beherzten FDP vor allem die AfD zulegen. Eine Neuwahl könnte die Kräfteverhältnisse im Bundestag also ganz schön verschieben. Nach der Ära Merkel scheint alles möglich. Haben wir keine Angst vor der Zukunft!

Steinmeiers Dank
Der Kanzlerpräsident und seine Präsidialkanzlerin

Die Abgewählte weigert sich zu gehen. Unter allen Umständen will sie Kanzlerin bleiben. Wie gut, dass ihr da noch jemand einen Gefallen schuldet. Und so wird immer wahrscheinlicher, dass nach dem "Jamaika"-Aus nun ein Linksbündnis aus Union und SPD zusammenfindet. Nach dem Sondierungsdebakel will Angela Merkel rasch Nägel mit Köpfen machen, um gemeinsam mit den sich nur noch halbherzig wehrenden Genossen auch in den nächsten vier Jahren an der Macht zu bleiben. Da kommt der von ihr selbst installierte Bundespräsident wie gerufen. Neuwahlen dürfe es keinesfalls geben, warnten am Sonntag der scheidende CSU-Vorsitzende Seehofer und CDU-Fraktionschef Kauder.

Die Demokratie sei in Gefahr, Radikale würden gestärkt und man könne nicht so lange wählen lassen, bis es passt. Es gäbe gar einen Wählerauftrag für eine CDU-geführte Regierung und es sei nun an der SPD, sich dem nicht zu verschließen. Tatsächlich ist es die nackte Angst vor weiteren Verlusten, die aus den Warnungen vor Neuwahlen spricht. Es ist kein Zufall, dass Merkels Getreue so vehement nach einer schnellen Regierungsbildung verlangen. Niemand muss so viel Sorge haben wie CDU und CSU, bei einem neuerlichen Urnengang noch tiefer abzurutschen. Inzwischen lehnt eine Mehrheit der Deutschen auch eine weitere Kanzlerschaft Angela Merkels ab.

Zwar bemühen sich die Redaktionen tapfer, eine Minderheitsregierung mit Merkels grünem Wurmfortsatz herbei zu reden, doch dürfte feststehen, dass Gabriel, Nahles & Co. ein weiteres Mal als Mehrheitsbeschaffer fungieren werden – zur Not auch ohne Martin Schulz. Allerdings rumort es heftig in der SPD. Die Flügelkämpfe sind voll entbrannt. Dabei verlaufen die politischen Gräben nicht mehr nur zwischen erzlinken und gemäßigteren Gesinnungstätern, sondern vor allem zwischen Realisten und Opportunisten. Am Ende könnten jene Mahner recht behalten, die der verzwergten SPD vorhersagen, dass eine weitere Merkel-Schrumpfkur die Substanz der Partei angreifen werde.

Die Genossen dürften in einer künftigen Regierungskoalition zwar einen Großteil ihrer Ziele umsetzen, weil eine ausschließlich am Machterhalt interessierte Kanzlerin die letzten verbliebenen CDU-Positionen opfern wird. Doch die abgelaufene Legislaturperiode hat gezeigt, dass die SPD nicht davon profitieren kann, wenn eine Merkel-Regierung ihre Handschrift trägt. Viel zu sehr wildert die auf links gedrehte CDU längst im ehemals klassischen SPD-Revier. Für die Wähler sind Angela Merkel und die SPD kaum mehr unterscheidbar. Ungemach droht allerdings nicht nur den Sozis, sondern vor allem den deutschen Steuerzahlern, wenn sich die 20%-Partei mit ihrer Forderung nach einer europäischen Sozialunion, höheren Einkommenssteuern oder dem Familiennachzug für subsidiär Schutzberechtigte durchsetzt.

Fatalerweise könnte die künftige "Große Koalition" trotz massiver Verluste weiterhin komfortabel regieren, weil die vier Oppositionsparteien zu sehr mit der gegenseitigen Abgrenzung beschäftigt sind. Dies vor allem deshalb, weil niemand in den Verdacht geraten will, gemeinsame Sache mit der AfD zu machen. Schon aus diesem Grund fürchtet Merkels CDU eine Minderheitsregierung wie der Teufel das Weihwasser. Kaum auszudenken, wenn sie im Bundestag einmal auf die Unterstützung der AfD angewiesen wäre. Dies zu verhindern, ist der aktuelle Auftrag an Frank-Walter Steinmeier. Der Mann, der unter Merkel acht Jahre lang als Außenminister dienen durfte und ihr das Amt des Bundespräsidenten verdankt, sieht nun die Stunde gekommen, sich erkenntlich zu zeigen.

Eilig hatte er Martin Schulz zu sich zitiert, um ihn darauf zu verpflichten, seiner Gönnerin eine vierte Amtszeit zu bescheren. Steinmeier versteht sich offenbar weder als unparteiisch, noch als überparteilich, wobei die Rolle des Bundespräsidenten in der Berliner Kungelrepublik ohnehin klar definiert ist, seit Horst Köhler weggemobbt wurde: Deutschlands Staatsoberhaupt soll die Berliner Politik in Ruhe lassen, artig Gesetze unterzeichnen und alles dafür tun, dass die Macht der Regierenden nicht in Gefahr gerät. Am Ende wird alle Kungelei die CDU nicht davor bewahren können, sich erneuern zu müssen. Denn auch wenn sie nun noch ein bisschen weiterregieren darf, ist Merkels Uhr abgelaufen. Die eingelöste Schuld eines treuen Weggefährten kann darüber nicht hinwegtäuschen.

Geld fürs Gehen
Die Regierenden leisten den Offenbarungseid

Geld, das einem nicht gehört, gibt sich leicht aus. Unsere Berufspolitik führt dies immer wieder vor. Nicht nur die eigenen Bezüge werden regelmäßig aufgestockt, im Falle des Bundestages per jährlicher Dynamik und ohne lästige Diätendiskussionen. Auch Wählerstimmen kauft man nur allzu gerne mit Steuerzahlergeld ein; man verteilt es an lautstarke Kleingruppen und beruft sich auf Gerechtigkeit und Verantwortung, um die große Mehrheit nicht gegen sich aufzubringen, die das Nachsehen hat, weil sie über keine Lobby verfügt. Am häufigsten aber dienen die mit vollen Händen ausgegebenen Steuermittel dazu, eigene Unzulänglichkeiten zu kompensieren.

Die geschäftsführend tätige Bundesregierung hat hierfür nun ein weiteres Beispiel geliefert: Innerhalb der nächsten drei Monate können sich abgelehnte Asylbewerber, die in ihre Heimat zurückkehren, eine "Wohnkostenhilfe" in Höhe von bis zu 3.000 Euro sichern. Möglich macht dies die Aktion "Dein Land. Deine Zukunft. Jetzt!", die der Bundesinnenminister vorgestellt hat. Danach ist die Sonderprämie als Unterstützung für Miete, Bau- und Renovierungsarbeiten gedacht. Ebenso soll sie helfen, die Grundausstattung für Küche oder Bad zu finanzieren. Die Prämie gibt es zusätzlich zu allen anderen Programmen, mit denen Bund und Länder ausreisepflichtige Migranten zum Verlassen des Landes bewegen wollen.

Natürlich kann niemand vorhersagen, wie viele der Ausgereisten mit neuer oder gar ohne Identität wiederkommen. Hier hilft nur Gottvertrauen. Die großzügigen milden Gaben haben sich natürlich längst in aller Welt herumgesprochen. Nicht ohne Grund ist Deutschland Hauptziel vieler junger Männer, die sich auf den Weg machen, um an Geld zu gelangen, das sie an die Daheimgelassenen schicken können. Denn schon während der Prüfung ihres Asylantrags kommen sie in den Genuss finanzieller und materieller Zuflüsse, die sie in ihren Heimatländern selbst mit jahrelanger Arbeit kaum erzielen könnten. Und alle wissen: Hat man es erst einmal über die Grenze geschafft, ist die Wahrscheinlichkeit groß, hierbleiben zu können.

Noch einträglicher ist ein bewilligter Asylantrag. Monat für Monat fließen dann pünktlich die Sozialleistungen – nach deutschen Standards zwar nicht unbedingt üppig, doch im Vergleich zur Heimat in sensationellen Größenordnungen. Selbst als befristet Geduldeter und sogar nach der Ablehnung des Asylantrags ebbt der Geldfluss nicht ab – ohne echte Gefahr, wieder gehen zu müssen. Das Dilemma hat auch die Berufspolitik längst erkannt. Und wäre es das eigene Geld, würden alle Hebel in Bewegung gesetzt, im Zweifel Gesetze verschärft, um Abschiebungen so schnell wie möglich durchzusetzen und ungerechtfertigte Zahlungen an Illegale zu unterbinden. Doch es ist eben das Geld der Steuerzahler, also wird es ausgegeben – für Prämien, Sachleistungen und Transfers.

Natürlich wählen die meisten Zuwanderer den staatlichen Dauerauftrag statt der Einmalzahlung und pfeifen auf die Heimreiseprämie. 3.000 Euro pro Familie sind dabei sicher deutlich günstiger als die Summe der Transferleistungen an Personen, die sich ihrer Abschiebung durch juristische Winkelzüge oder andere Tricks entziehen. Doch eine Regierung, die Sonderprämien für rechtskonformes Verhalten auslobt, leistet den Offenbarungseid. Es gleicht einer Kapitulationserklärung, wenn man glaubt, die Folgen einer fehlgeleiteten Politik mit der Verschwendung immer neuer Steuergelder mildern zu können. Schon bislang gibt es unter anderem das Bundesprogramm "StarthilfePlus", im Rahmen dessen abgelehnte Asylbewerber und Migranten ohne Bleibeperspektive bis zu 1.200 Euro erhalten, wenn sie Deutschland verlassen.

An anderer Stelle ist man da weniger kulant: Es läuft viel schief in einem Land, wenn gleichzeitig etwa Rentner mit aller Härte verfolgt werden, weil sie die Rundfunkgebühr nicht mehr zahlen können. Anspruch auf Asyl genießen übrigens weniger als 1% aller Antragssteller. Der Rest beruft sich auf "subsidiären Schutz", wird trotz Ausreisepflicht vorübergehend geduldet oder hält sich illegal bei uns auf. Sie alle eint, dass sie nicht auf Dauer hierbleiben können, den Jackpot Deutschland aber nicht wieder hergeben möchten. Gesetze müssen jedoch für alle gelten. Ein Staat, der sich scheut, geltendes Recht bei fremden Ausreisepflichtigen durchzusetzen, bei der eigenen Bevölkerung aber gnadenlos ist, handelt feige und verlogen.

Antisemitischer Aufmarsch
Der Streit um Jerusalem und die Angst vor dem Islam

Der Antisemitismus ist zurück. Doch er ist nicht etwa bei der einheimischen Bevölkerung neu erwacht, so sehr sich Medien und Politik auch bemühen, dieses Zerrbild zu entwerfen. Nein, der neuerliche Judenhass ist zugewandert. Sehenden Auges wird er seit über zwei Jahren importiert. Und seine Anhänger belassen es nicht bei heimlichen Schmierereien an Wänden oder anonymen Hetzparolen in den sozialen Netzwerken. Geduldet von den politisch Verantwortlichen und beschützt von einer bemäntelnden Presse, fühlen sich die neuen Antisemiten längst stark genug, ihren grenzenlosen Hass auf die Juden und den Staat Israel öffentlich hinauszuschreien.

Wir erleben den vorläufigen Tiefpunkt einer beängstigenden Entwicklung, die sich in rasantem Tempo vollzieht. Nach der Entscheidung des amerikanischen Präsidenten, Jerusalem als Hauptstadt anzuerkennen, hatten sich Tausende hasserfüllte Muslime an mehreren Tagen am Brandenburger Tor versammelt. Sie forderten die Vernichtung Israels und verbrannten Davidsterne. Sieben Jahrzehnte nach dem Sieg über die Nationalsozialisten marschieren damit wieder Antisemiten durch Berlin. In ihrer Verachtung für alle "Ungläubigen" stehen sie der Rassenhygiene-Ideologie der Nazis in nichts nach. Doch die Politik lässt sie gewähren und ihr Unwesen gar aus der sicheren Deckung der Religionsfreiheit heraus treiben.

Statt Nazifahnen schwenken die neuen Antisemiten Banner der terroristischen Hamas, und ihre geballten Fäuste sind nicht weniger Ritual und Erkennungszeichen als der stramm zum Gruß ausgestreckte rechte Arm. In ihrem kompromisslosen Streben nach der muslimischen Weltherrschaft berufen sie sich auf den angeblichen Auftrag einer höheren Macht. Doch im Gegensatz zu den Holocaust-Verbrechern haben sie es nicht nur auf die jüdische Religion abgesehen. Bei weiten Teilen der Medien genießen sie freies Geleit. Allein die Springer-Presse scherte am Wochenende aus dem antijüdischen Kanon aus. "Aufruf zum Mord an Juden ist keine Meinungsfreiheit", wies die WELT die unzähligen Islam-Appeaser zurecht, die sich nicht dazu hatten durchringen können, den an die Reichspogrome erinnernden Aufmarsch zu verurteilen.

Auch die geschäftsführende Bundeskanzlerin machte da keine Ausnahme. So vehement sie sich gegen ihren Erzfeind Donald Trump wendete, indem sie der Anerkennung Jerusalems als israelische Hauptstadt eine Absage erteilte, so wenig hielt sie es bis zum Montag für nötig, ebenso scharf die öffentliche Anti-Israel-Hetze zu missbilligen. Dabei gehörte es einmal zur deutschen Staatsräson, unverbrüchlich an der Seite Israels zu stehen. Diese Maxime aufzugeben, hätte noch vor Jahren lautstarke Rücktrittsforderungen aller maßgeblichen gesellschaftlichen Kräfte nach sich gezogen. Seit aber der Islam auch in Deutschland eine Wähler- und Wirtschaftsmacht bildet, will man Muslime auf keinen Fall verprellen.

Über die Entscheidung des US-Präsidenten, der auch die Ankündigung der baldigen Verlegung der US-Botschaft nach Jerusalem einschließt, kann man diskutieren. Fakt ist, dass sich in Jerusalem der Sitz des Staatspräsidenten, die Knesset und das Oberste Gericht sowie die 1918 gegründete Hebräische Universität und die Holocaustgedenkstätte Yad Vashem befinden. So zu tun, als verfolge Trump völlig neue Ideen, zeugt außerdem von Unkenntnis. Schon die Ex-Präsidenten Bill Clinton und Barack Obama hatten sich zu Beginn ihrer politischen Laufbahn zur Hauptstadt Jerusalem bekannt. Dies gilt ebenso für Trumps Gegenspielerin Hillary Clinton, die bekanntlich vier Jahre lang als Außenministerin fungierte.

Das weltweite Entsetzen ist also ähnlich scheinheilig wie die Empörung über das nunmehr höchstrichterlich abgesegnete Einreiseverbot für Staatsangehörige bestimmter muslimischer Länder, die im Verdacht stehen, den internationalen Terror zu unterstützen. Die zugrundeliegende "schwarze Liste" stammt nämlich noch aus der Amtszeit von Barack Obama. In der Jerusalem-Frage beweist die einhellige Verurteilung Trumps, wie sehr sich die Welt vom islamistischen Terror hat einschüchtern lassen. Die Angst ist inzwischen so groß, dass alle politischen Entscheidungen nur noch mit dem Ziel getroffen werden, die muslimischen Führer nicht zu reizen. Gerade der Nahost-Konflikt zeigt uns aber seit Jahrzehnten, dass auch das größte Entgegenkommen eine Religion nicht besänftigen kann, deren Absolutheitsanspruch allgegenwärtig ist.

Tu felix Austria
Der jüngste Kanzler als Merkels Schreckgespenst

Fast acht Wochen haben sie sich Zeit genommen, um ihr Bündnis zu schmieden. Unaufgeregt, sachorientiert und mit dem ernsthaften Willen zusammenzufinden. Respektvoll und konstruktiv seien die Gespräche gewesen, heißt es gleichlautend aus ÖVP und FPÖ. Österreichs künftige Regierungskoalition ist der maximale Gegenentwurf zur "Jamaika"-Farce, die im gleichen Zeitraum nicht einmal über ein paar Sondierungsansätze hinausgekommen war. Und während also hierzulande auch drei Monate nach der Bundestagswahl noch gar nicht absehbar ist, wann eine neue Regierung steht, hat Österreichs neuer Kanzler Sebastian Kurz jetzt sein Kabinett vorgestellt.

Erfrischend anders kommt unser Nachbarland daher, geradezu runderneuert. Auch in Österreich stand die "Große Koalition" vor allem für Bürgerferne und Stillstand. In nur wenigen Monaten hat der mit 31 Jahren jüngste Regierungschef Europas seine Partei und mit ihr ein ganzes Land völlig umgekrempelt. Während den Deutschen der letzte Wille fehlte, Angela Merkel davonzujagen, und sich auch niemand findet, der innerhalb der Union genug Macht und Mumm hätte, es Kurz gleichzutun, macht uns Österreich vor, wie es geht. Gegen den charismatischen Aufsteiger, der schon als charmanter und durchsetzungsstarker Außenminister aufgefallen war, wirkt Merkel wie ein Fossil aus einer längst vergangenen Zeit.

Einfach hat es die etablierte Politik Österreichs Wählern allerdings nicht gemacht. Dem imposanten Aufstieg des Sebastian Kurz war ein heftiger Todeskampf des Establishments vorausgegangen. Schien es vor Jahresfrist so, als stelle der künftige Partner FPÖ den nächsten Bundespräsidenten, konnten die herrschenden Machteliten dies in einem letzten Aufbäumen und unter Anwendung aller denkbaren Tricks gerade noch verhindern. Ein blasser, Medien-Mainstream-tauglicher Links-Grüner darf seither das höchste Staatsamt bekleiden. Und der österreichische Bundespräsident hatte sich ebenso unverblümt in die Regierungsfindung seines Landes eingeschaltet wie sein Pendant Frank-Walter Steinmeier in Deutschland.

Letzerer hat seine SPD nun gegen den Willen der eigenen Parteibasis auf weitere vier Jahre der Statthalterschaft für die Kanzlerin verpflichtet. Von Merkel mit dem Amt des "Ersten Mannes" beschenkt, nimmt Steinmeier in seiner Dankbarkeit sogar in Kauf, dass der von der SPD so verhassten AfD im Deutschen Bundestag damit künftig die Rolle der Oppositionsführerin zufällt. Deren österreichisches Pendant wird nun also regieren. Und das nicht zum ersten Mal. Gemeinsam mit Kurz und der ÖVP wird die FPÖ Europa ihren Stempel aufdrücken. Längst hat man Allianzen mit einer Reihe osteuropäischer Staaten gebildet, zu denen Österreich seit jeher besonders enge Beziehungen unterhält. Schon mahnt Bundespräsident van der Bellen, "den pro-europäischen Kurs nicht zu verlassen", und meint damit natürlich nicht Europa, sondern die EU.

Vor einem Jahr diagnostizierte ich, in weiten Teilen Europas habe sich der Souverän auf den Weg gemacht, die Demokratie zurückzuerobern. In Österreich ist dies gegen sämtliche Widerstände gelungen. Ob Deutschland jemals folgen wird, ist fraglich. Zu dicht scheint hierzulande das Netzwerk der Mächtigen, zu eng die Kollaboration der Berufspolitik mit einer links-grünen Journaille, die keine Mandatsträger braucht, um sich als Bundestagsfraktion zu verstehen und ohne Legitimierung durch die Wähler mitzuregieren. Doch der Erfolg der Konservativen ist ein starkes Signal, das längst nicht mehr nur von Österreich ausgeht.

Immer schwieriger wird es für jene vermeintlich progressiven Kräfte, die in der Aufgabe nationalstaatlicher Souveränität, der Aushöhlung jahrhundertealter Rechtsnormen und der Unterwerfung unter grüne Selbstgeißelungsrituale die Zukunft sehen. Eine weitere Regierung setzt in Europa künftig den gesunden Menschenverstand an die Stelle eitler Selbstinszenierung, linker Träumereien und grüner Lobbypolitik. Österreich dürfte sich zudem noch entschlossener als bisher einer politischen Ideologie entgegenstellen, die sich als Religion tarnt. Angela Merkel hat es in Europa ab sofort schwerer, wie der jüngste EU-Gipfel bereits gezeigt hat. Sebastian Kurz wird der deutschen Kanzlerin noch in so manchem Albtraum erscheinen. Und nicht nur er. Sie wollte nicht gehen – nun wird die Zeit über sie hinweggehen.

Kontrollverlust mit Folgen
Das selektive Scheitern des Rechtsstaats

Zwei Vorfälle sorgen zum Ende eines unruhigen Jahres für Unmut und Entsetzen. Sie sind völlig unterschiedlich und stehen doch sinnbildlich für einen Staat, der keine Kontrolle mehr über Recht und Gesetz zu haben scheint – freilich nur in Teilbereichen und nicht ganz unfreiwillig. Da ist zum einen der vermeintlich minderjährige afghanischen "Flüchtling", der einem tatsächlich minderjährigen deutschen Mädchen das Leben genommen hat, weil es sich nicht fügen wollte. Zum anderen der Ausbruch mehrerer Häftlinge aus einer Berliner Justizvollzugsanstalt, bei dem die Polizei mit Blick auf die Persönlichkeitsrechte der Straftäter keine Fahndungsfotos veröffentlichte.

So verschieden sie auch sind, dokumentieren beide Fälle auf bestürzende Weise den Zustand Deutschlands. Beim Berliner Gefängnisausbruch hat nicht die Durchsetzung der Strafverfolgung Priorität, sondern der Schutz flüchtiger Krimineller. Und der Tod des Mädchens markiert das grausame Ende einer Abfolge von Geschehnissen, deren Ursprung im Kontrollverlust des Staates liegt. Dieser ist das Resultat des naiven Umgangs mit einem Millionenheer zugewanderter Männer, der Bereitschaft, sämtliche Sorgfaltspflichten gegenüber der eigenen Bevölkerung zu ignorieren, und der Sonderbehandlung der fast durchweg ohne jeglichen Asylgrund mit einem Bleiberecht ausgestatteten Neuankömmlinge archaischer Prägung.

Dabei schleicht sich zudem das Gefühl ein, dass den Tätern aus der Gruppe der Zuwanderer regelmäßig mildernde Umstände zugebilligt werden, weil man ihnen entweder attestiert, psychisch gestört zu sein, oder wegen ihrer kulturellen Herkunft nicht besser zu wissen, wie man sich zivilisiert verhält. Ob auch die ausgebrochenen Häftlinge diesen Kulturrabatt für sich in Anspruch nehmen können, indem man ihre Gesichter nicht zeigt, kann nur spekuliert werden. Sicher ist, dass der Verzicht auf das Ausschöpfen aller behördlichen Möglichkeiten den Fahndungserfolg gefährdet. Da darf man schon mal an den Tatbestand der Strafvereitelung im Amt denken.

Wer aus Rücksicht auf die Persönlichkeitsrechte flüchtiger Häftlinge auf die Veröffentlichung von Fahndungsfotos verzichtet, könnte die Strafverfolgung angesichts der Unannehmlichkeiten für die Täter eigentlich auch gleich ganz einstellen. Natürlich passiert dies nicht. Vor allem nicht dort, wo es etwa um zu schnelles Fahren, verspätete Steuerzahlungen oder gar vergessene Umzugsmeldungen geht. Diese und viele weitere Alltagsbagatellen werden gnadenlos sanktioniert. Hier funktioniert der Rechtsstaat auf geradezu perfekte Weise. Wo es aber um sogenannte Flüchtlinge geht, wo ausgewachsene Männer mit Kinderstimmen und Kulleraugen sich das Testat der Minderjährigkeit erschleichen, wo sich Horden frauenverachtender Triebtäter in Gruppen auf ihr wehrloses Opfer stürzen, da sieht sich unser Staat außer Stande, für Recht und Ordnung zu sorgen.

Er könnte es, doch er will es nicht. Lieber verwendet er all seine Energie darauf, jene zu verfolgen, die es wagen, das Offensichtliche öffentlich anzusprechen. Ein eigenes Gesetz wurde gar geschaffen, um diejenigen mundtot zu machen, die andere aufklären und aufwecken könnten. So gibt Deutschland zum Ende des Jahres 2017 ein trauriges Bild ab. Der gescheiterte Staat, der sein Scheitern nicht nur selbst wählt, sondern gezielt einsetzt, hat eine Zweiklassengesellschaft geschaffen: Auf der einen Seite jene, "die schon länger hier leben", die nach allen Regeln der Kunst erfasst sind und für jedes noch so kleine Versäumnis zur Rechenschaft gezogen werden, auf der anderen Seite die Neuen, denen man so vieles nachsieht und über die unser Staat kaum mehr weiß als die Adresse der Unterkunft und die Kontonummer, auf die das Geld fließt.

Statt alle gleich zu behandeln und unser geltendes Recht ebenso durchzusetzen wie die hiesigen Gepflogenheiten, werden "Schutzzonen" für Frauen errichtet, Weihnachtsmärkte zu Festungen ausgebaut und jahrhundertealte Traditionen aufgegeben. Alles nur, weil man die Auswüchse der unkontrollierten Zuwanderung aus Angst vor mächtigen Ideologen nicht bekämpfen will. Doch ein Staat, der Recht und Gesetz nur noch nach Gutdünken durchsetzt, ist ein Willkürstaat. Davon hatten wir in Deutschland im 20. Jahrhundert gleich zwei. Und auch diese behaupteten von sich stets, nur unser aller Wohl im Blick zu haben. Wir wissen längst, dass dem nicht so war.

Ramin Peymani (Jahrgang 1968)

Der iranischstämmige Autor lebt im Rhein-Main-Gebiet und engagiert sich ehrenamtlich in der Kommunalpolitik. Der frühere Banker und langjährige Büroleiter des DFB-Präsidenten hält heute Fachvorträge zur Staatsschuldenkrise und lehrt als Gastdozent. Publizistisch betätigt sich Peymani für eine Reihe bekannter Debattenmagazine.

Der sportbegeisterte Hobbyfußballer zählt Politik, Reisen und gutes Essen und zu seinen Leidenschaften.

Und das meinen die Leser:

"Ein mit fundierten Quellen versehenes Buch, das jeder lesen sollte, der noch ein Minimalverständnis von Demokratie in sich trägt."

"Ramin Peymani beschreibt in seinem Buch die derzeitigen gesellschaftlichen Verhältnisse in präziser und anschaulicher Weise."

"Das Grauen ist eine absolut lesenswerte Auflistung und notwendige Abarbeitung von diversen Höchstleistungen unserer Realitätsflüchtlinge aus Medien und Politik im letzten Jahr. Und es ist tatsächlich eine Gefahr, dass damals gebetsmühlenhaft transportierte Märchen und Halbwahrheiten in der Breite in Erinnerung bleiben! Denn wer macht sich schon die Mühe, jede schräge Story selbst intensiv zu recherchieren? Ramin Peymani hat es jedenfalls getan und wird es wieder tun. Hoffentlich."

"Sehr gut zu lesen, sehr klar, verständlich formuliert, treffend auf das Wesentlichste hingewiesen."

"Die immer schnellere Abfolge von Ereignissen führt dazu, dass man das eine und andere unfassbar Erscheinende vergisst. Wie gut, dass Ramin Peymani in *Das Grauen* ebenso wie zuvor in *Spukschloss Deutschland* die politischen und medialen Geschehnisse zusammengetragen hat. Peymanis Ausführungen sind fundiert, seine Kommentare treffend. Empfehlenswert!"